Ce qu'il faut
que
toute
Jeune Femme
sache

B. DANGENNES

Ce qu'il faut que toute Jeune Femme sache

ÉDITIONS NILSSON

8, RUE HALÉVY, 8

PARIS

C.

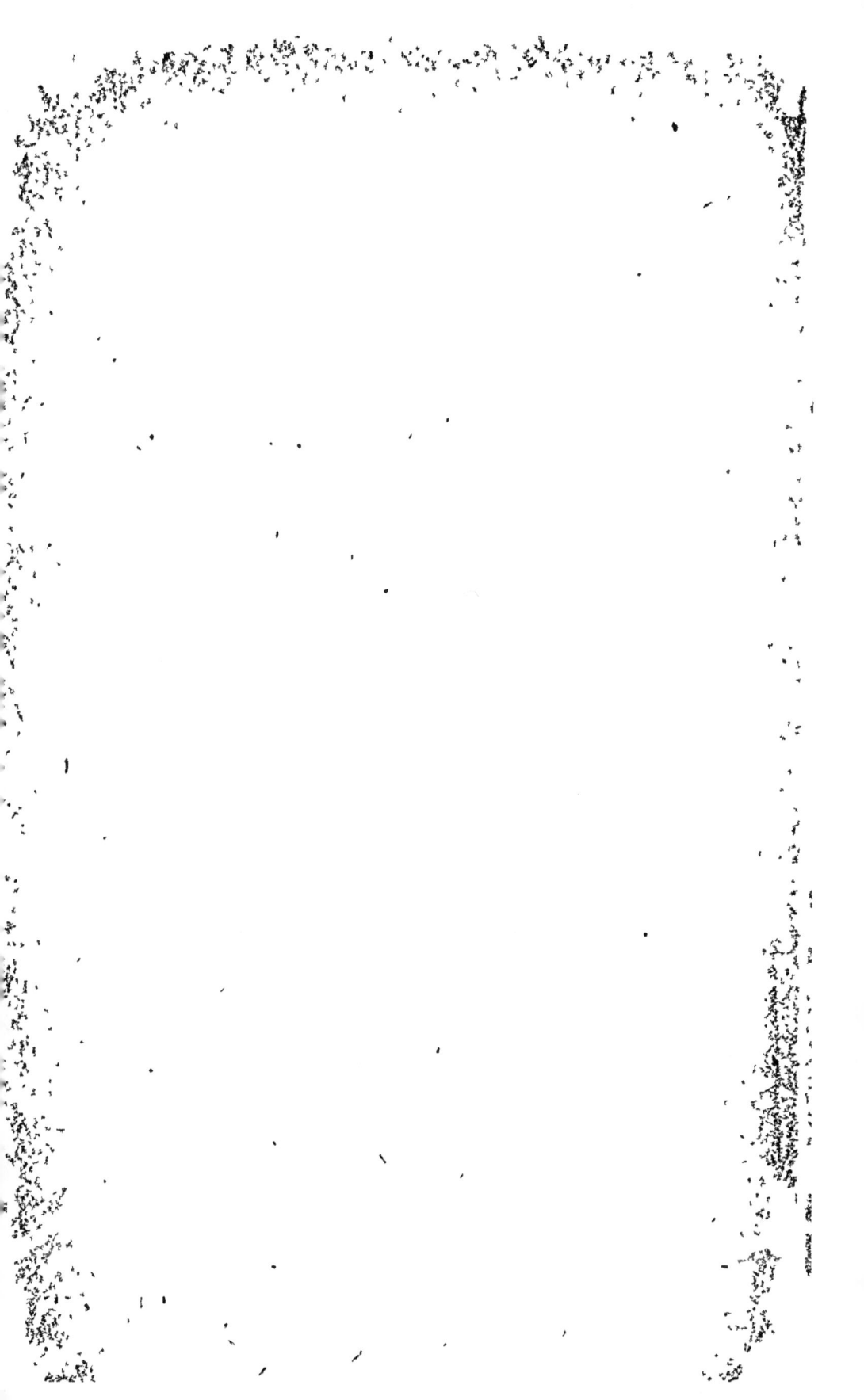

CHAPITRE PREMIER

La femme moderne.

La femme moderne, c'est-à-dire celle qui, de nos jours, échange son état de jeune fille contre celui d'épouse, appartient à une époque qui pourra, plus tard, être qualifiée de transitoire.

En effet, la femme d'aujourd'hui porte encore en elle un obscur atavisme la rattachant à des principes séculaires, tandis qu'elle est, d'un autre côté, sollicitée par certaines idées d'avant-garde, théories séduisantes, dont le tort principal est de dépasser le but qu'elles se proposent d'atteindre.

Prête à franchir l'épais rempart des coutumes, des préjugés et de la routine, elle contemple avec une envie, qui n'est pas dénuée d'angoisse, les champs largement ouverts de l'émancipation.

Aucun obstacle ne s'y laisse voir; pourtant elle hésite, car ces mêmes obstacles qui l'excèdent parfois, sont aussi des refuges, et à travers cet horizon, dénué de barrières, elle cherche en vain l'abri qu'elle était accoutumée de rencontrer, dans la tiédeur de la vie ancienne.

Sur le point de s'élancer, elle s'arrête indécise, tirée en arrière par mille liens, dont quelques-uns ne lui dérobent pas leur mesquine puérilité, mais captivée cependant par l'appel de la chimère, dont son inexpérience lui voile les défectuosités.

Entre ce futur si proche et ce passé d'hier, la femme moderne, élevée par une mère chez laquelle bien des préjugés ont encore force de loi, hésite entre une priorité chimérique et la propension au servage, que de lointains atavismes ont développée en elle.

Dans cet état d'esprit, la vision du devoir s'obscurcit :

Les unes, effrayées, vont, d'un saut en arrière, se blottir dans la forteresse des habitudes et des idées rétrogrades.

D'autres s'élancent dans l'espace, dont elles n'ont pas discerné les chausse-trapes et les aridités.

Toutes souffrent, à des degrés différents, mais certains, de ces doutes, à l'ombre desquels la vision du devoir s'obscurcit, tandis que leur raisonnement s'atrophie, avant que de disparaître, noyé sous le flot des sophismes et des contradictions.

Pourtant, on ne saurait le nier : l'évolution, en poursuivant sa course, a mis au cœur de la femme moderne des aspirations différentes de celles qui préoccupèrent ses aïeules.

Le sentiment étroit de personnalité s'est élargi en un besoin de rayonnement, qui est un désir, très précis chez les unes, informulé chez les autres, mais toujours nettement dessiné, vers une tendance à la raison, génératrice d'indépendance.

Le temps n'est plus où l'on divisait les femmes en deux catégories : poupées et couveuses.

C'était l'époque où l'on n'admettait pas qu'une fois ses devoirs d'épouse, de mère et de maîtresse de maison accomplis, la femme eût le loisir de se livrer à une besogne plus intellectuelle que celle de la broderie ou de la tapisserie.

On était tout prêt à juger très sévèrement celles qui s'adonnaient à un art d'une façon qui n'était pas entièrement superficielle.

Lorsqu'une jeune femme avait transporté sur la toile un paysage maladroitement dessiné et hurlant de tons criards, lorsqu'elle savait jouer quelques morceaux de piano dits « à effet », qu'elle était en état de faire danser dans les soirées familiales ou de chanter niaisement une mélodie à la mode, on déclarait son éducation artistique suffisante, et on la blâmait de chercher à se distinguer dans aucun de ces arts.

C'était mal porté.

Quant à celles qui éprouvaient le besoin de s'épancher en des vers ou des écrits, c'était dans le plus grand secret qu'elles se livraient à l'art épistolaire, redoutant, par-dessus tout, la risée de la famille, qui n'aurait pas manqué de l'accuser de « basbleuisme ».

La femme moderne sait qu'elle est appelée à d'autres missions et qu'elle a mieux à faire que de dévouer son existence à l'achèvement d'œuvres minuscules, dont l'étroitesse correspond généralement au peu d'ampleur de la pensée.

Son âme ne reste plus enclose dans les bornes rigides du foyer; son horizon s'est élargi; elle est non seulement l'épouse, la mère, mais encore la compagne, la confidente et doit surtout désirer devenir la conseillère.

En perdant le besoin inné d'être secourue elle-même, elle acquiert la faculté de protection, qui fit si fort défaut aux femmes de l'autre régime.

L'énergie et la décision font place chez elle aux tâtonnements et à la pusillanimité.

La saine raison, qui fuit les cerveaux trop futiles, vient habiter son âme, ouverte à tous les sentiments généreux, car elle a su la débarrasser des mille petits soucis mesquins, qui, tels des plantes parasites, ont étouffé, chez ses aïeules, le complet développement de ces dons, regardés alors comme des attributs éminemment réservés au sexe fort.

Est-ce à dire que les occupations féminines doivent mériter son mépris ?

Celle qui penserait ainsi ne serait pas réellement femme, mais bien cette créature hybride qui, reniant son sexe sans pouvoir le modifier, en vient, en virilisant ridiculement ses attitudes, à perdre la grâce et le charme féminins, sans atteindre aux vertus masculines qu'elle essaie d'évoquer.

On doit cependant convenir que l'habitude de la vie étroite et mesquine a déterminé chez bien des femmes une puérilité tracassière, qui atrophie la générosité des sentiments.

Pourtant il serait complètement erroné de croire que la femme idéale ne peut se rencontrer parmi celles dont les conditions d'existence sont modestes et difficiles.

Dans les mots « vie étroite », il ne faudrait pas entendre apologie de la fortune et critique de la médiocrité.

La « vie étroite » est celle qui est faite d'habitudes dont la pratique éloigne des idées libérales, produisant, autour de celles qui savent les répandre, une irradiation, véritable foyer de lucidité et d'encouragement pour leurs proches.

Il n'est aucun état, si humble qu'on puisse le concevoir, où il ne soit permis à la femme de déployer un mérite, acquis par le raisonnement et sanctionné par un jugement qui l'éclaire sur la juste portée des choses.

Dans toutes les situations, une femme, en s'y adonnant sincèrement, pourra juger avec sagacité et comprendre l'intérêt que présente l'inévitable enchaînement des faits journaliers.

Cette étude sera pour elle l'école de la prudence, qui lui fera prévoir les ennuis, les éviter, s'il est possible, et les accepter courageusement, s'ils se produisent quand même.

Pour toutes les femmes, l'accomplissement du devoir quotidien, quel qu'il soit, doit s'orienter vers une vie conforme à leur situation et aux tendances de leur nature.

La marche vers le mieux doit être le pivot de tous leurs actes, puisqu'elle est un développement et un acheminement vers une réalisation.

Quand le terme est noble, l'humilité des moyens s'en trouve glorifiée.

Il n'est aucune des occupations journalières qui ne renferme une dignité véritable, soit par la valeur du geste qui l'accomplit, soit à cause des fins auxquelles elle concourt, à la façon dont les minuscules ruisseaux forment l'imposante mer.

Qu'y a-t-il de plus prosaïque, de plus humble, que l'action d'entretenir la propreté des vêtements du mari et des enfants ?

Cependant, par l'application qu'elle donne à ces pauvres soins, la femme peut concourir à l'achèvement de grandes choses.

C'est une façon d'apporter sa pierre à l'édifice que construit le mari.

Il s'agit parfois d'un inventeur pauvre, d'un employé rempli d'avenir, que le port d'habits négligés aurait écarté du centre d'activité où il peut donner l'essor à ses facultés.

C'est donc grâce à la collaboration, obscure mais bienfaisante de sa compagne, qu'il lui est permis de sortir de l'ombre dans laquelle une tenue trop évidemment misérable l'aurait maintenu.

Ainsi, la vraie femme trouve de la joie dans l'accomplissement des besognes les plus ordinaires.

Elle sait aussi comprendre la beauté et la dégager des choses qui l'entourent.

L'émotion admirative, causée par la contemplation des splendeurs ambiantes, est un bien que nulle puissance ne peut dérober au plus misérable.

Cette forme du bonheur saura être appréciée par la femme moderne, davantage qu'elle ne le fut par ses devancières, car, mieux cultivée et douée de plus de sensibilité, elle sera plus facilement touchée par l'aspect des choses.

Il est encore un préjugé dont la femme moderne a fait justice : c'est l'hypocrisie, basée sur un faux raisonnement, condamnant celle qui s'adonne à la culture de ses charmes physiques.

La vraie femme ne doit pas regarder l'agrément de sa personne comme une quantité négligeable.

La beauté est une arme, que, dans le combat de la vie, il n'est pas bon de dédaigner.

Par le mot beauté, nous n'entendons pas exprimer cette régularité des traits et ces avantages qui ne sont dévolus qu'à quelques-unes.

Toutes les femmes qui le veulent bien peuvent posséder la beauté.

Elle réside dans la grâce du sourire, dans l'impression de bonté qui auréole les traits, dans la gaîté qui fait briller doucement les yeux.

Elle éclate dans la fraîcheur du teint, maintenue par un sage régime.

Que de femmes, qui pourraient être belles, manquent

de charme, parce que leur visage est le maussade reflet d'un caractère acariâtre !

D'autres laissent leurs traits se déformer par des tics, qui prennent bientôt la proportion de maladies nerveuses.

Certaines autres, prises par les soucis de la vie quotidienne et ceux de leurs devoirs d'état, négligent ces soins qui assurent la grâce du maintien et donnent aux plus dénuées d'attraits une séduction particulière.

Beaucoup d'autres encore évitent de corriger l'abandon d'une attitude, qui, avec l'accoutumance, amène une déformation lente.

Enfin, en ne maîtrisant pas les mouvements de leur humeur désagréable et en se laissant aller à de trop fréquentes impatiences, celles qu'une résolution de bonté habituelle n'habite pas, laissent flotter sur leurs traits un voile de mécontentement, qui, à la longue, devient leur expression naturelle.

Il n'est de si joli visage qui ne se trouve gâté par une expression déplaisante, détruisant l'harmonie des traits.

Le pli amer de la bouche s'accuse très vite en une ride fâcheuse, et le front se plisse sous l'effort non combattu d'une manifestation de mauvaise humeur trop fréquente.

Il en est, enfin, qui détruisent leur beauté naturelle par l'usage exagéré des fards ou l'amplification d'une mode peu seyante.

La femme moderne, celle qui, telle un précurseur, ouvrira l'ère d'émancipation raisonnable et de protection réciproque, qui doit être le but harmonieux de la vie féminine, se gardera de ces défauts et de ces ridicules.

Elle sait que la beauté, dans le sens où nous l'entendons, est une force et que ce don physique ne s'obtient qu'en acquérant et en maintenant la pratique des qualités morales qui la déterminent.

Pourtant, ainsi que nous le disions plus haut, la femme de cette génération aura encore à.lutter contre bien des préjugés, respectables sans doute, mais hors de saison, dans l'ordre chronologique de l'évolution sociale.

Aussi, combien plus profonde sera la sérénité de sa vie, lorsque, pénétrée du rôle magnifique qui lui est dévolu, elle entrera triomphante dans la voie du devoir fermement et simplement accompli, semant autour d'elle la foi, le courage qui font éclore la fleur des belles tentatives, et la volonté harmonieuse qui permet d'en recueillir le fruit.

CHAPITRE II

L'Épouse.

Le mariage pourrait être comparé à un fleuve, que les uns descendent doucement, dans une barque dont ils arrêtent de temps en temps la course pour cueillir les fleurs de la rive, tandis que d'autres s'épuisent à le remonter péniblement, dans un lourd bateau, qui dévie sous leurs coups d'avirons maladroits.

Cependant, il n'est d'embarcation si massive qui ne puisse atteindre facilement le rivage, lorsque les deux rameurs savent rythmer leurs efforts et les unir en un même élan persévérant.

C'est le seul moyen d'éviter les traîtrises des tourbillons, la terrible course à l'abîme, ou, ce qui peut être pis encore, l'enlisement dans les marécages habités par la fièvre, génératrice de désagrégation.

Dans la conduite de cette barque, la même somme de devoirs et les mêmes responsabilités incombent aux

2

deux· époux, unis pour cette course, que chacun d'eux doit considérer comme la seule qu'il désire entreprendre.

Nous ne sommes plus au temps où la femme estimait qu'à l'homme seulement appartenaient la fatigue et la direction des efforts.

Avec les civilisations nouvelles, le rôle de l'épouse est devenu plus étendu, plus compliqué aussi, plus prépondérant surtout.

La liberté que lui concèdent les usages modernes, permet encore à la femme de se garder de certaines tares, qui marquèrent fâcheusement le caractère de ses devancières et dont les germes pourtant dorment encore en elle à l'état latent.

Nous voulons parler, d'abord, de la dissimulation, provenant d'une hérédité créée par les conditions antérieures de l'éducation féminine.

La femme des générations précédentes, pour obéir aux lois d'une morale rigoureusement observée alors, devait, dès l'âge de la puberté, commencer à jouer son personnage de dissimulation.

Le préjugé dont parle le docteur Noslin (1), et qu'il appelle si justement celui des oreilles et des yeux clos, pesait alors sur elle de toute la force de ses faux principes.

Il était entendu que tout ce qui touche à l'œuvre de la génération devait être un profond mystère pour les

(1) *Ce qu'il faut que toute jeune fille sache*, éditions Nilsson, 7, rue de Lille, Paris.

jeunes filles, si bien que celles qui l'avaient pénétré, devaient dérober leur science comme une lèpre honteuse.

De cette attitude naissait une habitude de ruse, dont la pratique altérait la belle sincérité du jeune âge.

En outre, les réticences, dressées entre les mères et les filles, les rendaient lointaines l'une de l'autre et favorisaient des amitiés étrangères, rendues nécessaires par le besoin d'expansion qui hante tous les êtres jeunes.

Il arrivait aussi que l'adolescente laissait parler son cœur et n'osait s'en ouvrir à sa mère, dont le rigorisme excluait toute idée de confidences; si bien que ce qui n'eût été, sous le contrôle maternel, qu'un mouvement d'âme passager, devenait parfois un roman sentimental, dont il fallait à tout prix dissimuler l'importance.

Et plus tard, terrorisée par l'idée qu'on lui avait inculquée de la prépondérance maritale, la jeune femme, pour éviter des réprimandes, cachait des actes, innocents en eux-mêmes, mais dont l'imperfection s'aggravait de la dissimulation, encouragée, la plupart du temps, par la mère de l'épouse, croyant très naïvement remplir son devoir en empêchant de légers conflits de se produire entre les époux.

Ainsi encouragée, de générations en générations, la dissimulation était devenue héréditaire.

Notre éducation moderne, mieux comprise et plus imprégnée d'émancipation, tend à détruire ce penchant qui ne se retrouve que dans les natures imbues de leur état de soumission.

On apprend aux jeunes filles que la sincérité est une beauté morale, alors que la ruse et la fausseté sont les armes des asservis.

On ouvre, devant les jeunes esprits, les portes que les mamans d'autrefois tenaient soigneusement closes; on les initie de bonne heure au sentiment des responsabilités, qui trempe leur âme et leur donne la conscience de leur valeur personnelle.

Sans verser dans les exagérations qui hantent certains cerveaux, la femme moderne sait maintenant que son véritable rôle dans la vie est celui d'une compagne et non d'une inférieure.

Elle comprend aussi que l'aliénation « volontaire » de sa liberté, bien loin d'être un signe de soumission, est, au contraire, la marque certaine de l'indépendance.

Elle ne se laisse plus imposer le rôle de médiatrice, elle le choisit.

Elle n'ignore plus que, dans l'union idéale, il ne doit y avoir ni maître ni esclave, mais deux êtres qui, s'étant librement élus, s'en vont par la vie, la main dans la main, se soutenant mutuellement pour éviter les heurts de la route, en ne s'engageant que dans les voies qu'ils ont choisies, d'un commun accord, après en avoir discuté les difficultés, qu'ils envisagent bravement, puisqu'ils sentent, dans leur mutuelle affection, la force de les combattre et de les surmonter.

Le désir de protection n'est pas spécial à la nature féminine ; il habite aussi le cœur de l'homme.

Si la femme a souvent besoin d'être soutenue, l'homme, de son côté, souffre de n'être pas encouragé ; il a, lui aussi, la nostalgie de l'influence bienfaisante qui réconforte aux heures troubles du doute et de la désespérance.

Une bonne épouse moderne doit être vis-à-vis de son mari dans la situation du peuple qui vient d'élire un roi constitutionnel.

Ce n'est pas un despote, encore moins un tyran qu'elle s'est choisi.

Un protecteur ? Certainement, mais seulement dans le sens bienveillant et noble du mot.

Le mari de l'épouse moderne doit être considéré par elle comme le représentant d'une volonté qui leur est commune ; celui auquel elle délègue la mission de faire respecter les décisions qu'ils ont dû prendre pour le bien de leur existence présente et future.

Le mariage ne se concluant plus de la même façon qu'autrefois, il est plus loisible à la jeune fille de fixer son choix ; mieux instruite, elle sait, sans fausse pruderie, tout en recherchant les qualités de l'esprit, s'appliquer à trouver un mari qui lui représente une sélection en vue de la perfection future de la race, aussi bien qu'en rapport avec les dons physiques ou moraux capables de la charmer.

Il est certaines femmes pour lesquelles le mariage ne fut que le moyen d'acquérir une personnalité propre, et qui, dès la conclusion, ne se préoccupent plus de consolider le sentiment qu'elles ont éveillé.

Oh! maintenant je n'ai plus besoin de plaire, s'écrient-elles naïvement.

Et quelques-unes par négligence, d'autres par une pruderie mal comprise, s'abandonnent au point d'oublier, dans leur intérieur, la coquetterie, qu'elles ne pratiquent plus que pour le monde.

C'est une grande faute pour l'épouse que de dédaigner de charmer l'époux.

Ainsi que l'a dit la grande philosophe scandinave Ellen Key, il ne faut pas confondre l'art de plaire et celui de tromper, et, de peur d'artifices, il ne faut pas négliger de rendre la bonté séduisante et l'esprit irrésistible.

La coquetterie n'est pas seulement l'art de la toilette, elle réside encore dans le souci de plaire, et ce désir ne peut être blâmable lorsqu'il a pour objet la conquête durable du cœur de l'époux.

Une des causes les plus fréquentes de discussions vient encore d'une jalousie, motivée quelquefois, intempestive souvent, dont les manifestations troublent la paix des unions qui, avec un peu plus d'indulgence et plus de prévoyance surtout, auraient pu rester parfaitement sereines.

La faute du mari peut, en effet, être évitée la plupart du temps, si la femme, tout en se gardant de marquer des soupçons, sait écarter de sa route la rivale qui lui semble trop dangereuse, soit à cause de ses intrigues, soit parce qu'elle lui voit occuper une trop grande place dans l'esprit de l'époux.

Cette faute est bien souvent encore causée par la sentimentalité outrancière de l'épouse.

L'affadissement, qui naît d'une expansion toujours pareille, dégénère bientôt en une lassitude, que la répétition des mêmes mots et des mêmes gestes de tendresse ne tarde pas à muer en satiété.

On ne vit pas dans un conte bleu, et celles qui veulent installer dans leur ménage le règne de l'amour attendri et sentimental, courent grands risques de voir le mari se lasser très vite de protestations monotones, dont la fréquence détruit toute la saveur.

Quoi qu'il en soit, si le mari, excusable ou non, oubliait ses devoirs, c'est encore par la bonté et l'indulgence que l'épouse parviendrait le plus facilement à le reconquérir.

La bonté, prise dans l'acception intelligente du mot, n'est jamais une faiblesse.

C'est le plus souvent, au contraire, une marque indéniable d'énergie, car la bonté, qui s'exerce fructueusement, est inséparable bien souvent d'une victoire sur soi-même.

Dans le cas qui nous préoccupe, c'est un avantage remporté par la noblesse d'un sentiment sur la pauvreté des impulsions, déterminées par l'amour-propre blessé.

La femme qui ne sait pas pardonner est à plaindre, car elle est l'esclave d'une vanité mesquine : elle ignorera

toujours la profonde volupté causée par les généreux
élans et ne ressentira jamais la fierté de les avoir accomplis.

Il est pourtant des circonstances où l'indulgence la·
plus absolue ne prévaut pas contre un attachement ou
un égarement définitif.

Le rôle de l'épouse, si douloureux soit-il, est alors de
se renfermer dans une inexpugnable dignité.

Ses efforts, qui ont été vains pour détourner son
mari de l'aberration sentimentale qui fait leur malheur
à tous deux, devront se porter sur un autre objet : la
préoccupation d'en atténuer les conséquences, morales
ou matérielles.

Maintes femmes, en pareille posture, se répandent
en une douleur pleurarde ou vindicative, suivant la
pente de leur caractère.

D'autres fatiguent leurs amis par le récit toujours
renouvelé de leur malheur.

D'autres encore aggravent la situation par l'affi-
chage d'un sentiment, réel ou factice, qui, dans leur
conception étroite et maladroite de l'orgueil, les
venge d'un abandon blessant.

Hélas ! elles sont presque toujours les premières
dupes de ce désir de représailles.

Pour n'avoir pas voulu connaître la grandeur du geste
de pardon, elles se trouvent mêlées à des aventures
sans beauté, dont les douleurs de l'amour méconnu
ne sont pas exclues, et qui portent avec elles tous les
soucis découlant de la réprobation, tacite ou déclarée,

de ceux qui eussent été prêts à la consoler d'une noble douleur.

Il faut le dire bien haut, la femme nouvelle a, sur ses devancières, l'avantage d'avoir été initiée plus tôt aux grisailles de l'existence.

Mieux avertie qu'elles, elle sait que la vie ne s'écoule pas toujours comme un ruisseau limpide ; c'est parfois un torrent qui s'en va, butant furieusement contre les pierres qu'il rencontre sur son chemin.

Elle sait qu'une main prévoyante, en écartant ces obstacles, contribuera à apaiser la violence du courant.

Il en est, cependant, que son bras ne peut soulever : elle puisera alors, dans sa résolution de dignité patiente, la force de supporter l'assaut des remous, tout en continuant à préparer la route de l'avenir, afin de rétablir le cours harmonieux des choses.

L'épouse moderne, plus cultivée, partant de là moins accessible aux suggestions de la faiblesse que ne l'étaient ses aïeules, saura également s'affranchir de toutes ces petites imperfections féminines, puisées aux sources de l'éducation puérile qui leur était dévolue.

La femme d'aujourd'hui, pénétrée davantage de la grandeur de sa mission, sait mieux se libérer des impulsivités s'épanchant au hasard de l'émotion, dont les manifestations trop fréquentes se résolvent en mille accès contradictoires.

C'est tantôt un mécontentement, marqué par un mutisme agressif ; d'autres fois une inattention blessante pour le mari, qui s'en venge en décrétant que, décidément, il est stupide de vouloir raisonner avec une femme.

Parfois encore cette légèreté se montre dans la conversation, composée uniquement de banalités, attristantes pour un esprit sérieux.

Elle se fait jour encore dans la puérilité des chagrins, dont le moindre adopte les apparences d'un véritable désespoir.

Il est passé le temps où des auteurs romantiques décrétaient la puissance des larmes féminines.

Notre époque, plus virile, veut des âmes mieux trempées, et toute la littérature désuète n'empêchera pas le plus joli visage de devenir vilain sous la grimace, toujours un peu comique, des larmes abondantes.

La douleur véritable ne s'épand pas en gémissements et s'édulcore par la volonté du raisonnement.

Celle qui vient de la fatalité, ou, pour mieux dire, de l'enchaînement des circonstances, se calme plus vite que celle dont la source est dans la fausse conception des choses.

La femme qui pleure pour des niaiseries éveille en elle les forces mauvaises, jalouses du bonheur.

Les larmes sont un tribut qu'il faut payer à la nervosité, elles sont donc une infériorité dont il faut se cacher soigneusement.

Il est pourtant des circonstances où, physiologiquement parlant, elles peuvent être une détente, et il est doux de s'y laisser aller.

Mais l'épouse, soucieuse du maintien de son bonheur, doit cacher ces crises, comme nous dissimulons les servitudes corporelles auxquelles tout le monde est soumis.

Les femmes ne doivent pas l'oublier ; la royauté chimérique des larmes s'est écroulée pour faire place à l'empire de l'énergie, de la raison et de la loyauté.

C'est cette passion de loyauté qui sera l'égide la plus certaine de l'épouse contre les tentations mauvaises que les désillusions pourraient susciter sous ses pas.

L'horreur du mensonge sera toujours le meilleur préservatif des chutes; elle prévaudra contre les dangereux conseils de l'amour-propre blessé et parlera assez haut pour couvrir l'appel des instincts matériels.

Les armes certaines de l'épouse, dans le cas où l'union deviendrait une lutte, ne comprendront jamais ni la ruse, ni aucun sentiment né de la fragilité d'âme.

Le dévouement éclairé s'alliera chez elle au ferme maintien de ses droits et à l'observation de ses devoirs, qu'elle fleurira de bonté souriante. L'égalité d'humeur de l'épouse appelle celle du mari. C'est encore une façon de plaire et la plus durable de toutes, car elle brave l'assaut des années, qui détruisent la beauté et les charmes extérieurs.

Nous avons dit plus haut que la sérénité d'humeur, en créant la sérénité des traits, formait une beauté spéciale, bien plus inattaquable que celle qui dépend seulement de la régularité des lignes et de la formule ordinaire des grâces classiques ; il ne faudrait cependant pas que l'épouse, par une amplification maladroite de cette sérénité, tombât dans la faute d'une indulgence blâmable.

Sous prétexte d'éviter une discussion, qu'elle pressent imminente, elle serait coupable de ne point chercher à porter remède à un état de choses dont la continuité peut compromettre l'avenir de leur bonheur.

L'indulgence ne doit jamais adopter la forme de la veulerie, et reculer devant ce qu'on appelle familièrement une « scène » est parfois une lâcheté, qui peut être préjudiciable au repos futur.

L'épouse, imbue de ses droits et de ses devoirs, saura donc aborder avec vaillance une explication nécessaire, même dans le cas où elle serait assurée de la voir adopter le ton de la violence, en ce qui concerne l'attitude du mari.

Ainsi préparée, il lui sera plus loisible de déployer les qualités de volonté persuasive et de persévérante bonté, qui, bien mieux que n'importe quels arguments, assureront la victoire de la conviction qu'elle se propose d'imposer, pour la plus grande gloire de l'harmonie, dont elle sera le pacifique et entêté champion

Nous ne voudrions pas envisager le cas où, pour des raisons dictées par le caprice, la servitude d'un entraînement étranger, ou la crainte de la souffrance, l'épouse se déroberait à l'appel de son devoir de créatrice.

La femme moderne, qui a choisi son époux en

n'ignorant pas qu'il lui appartiendrait d'éveiller avec lui l'instinct que le génie des races a mis en eux, n'a plus le même prétexte que ses aïeules pour éluder ses engagements.

L'action de s'y soustraire équivaut à une faillite, puisqu'elle a donné, en connaissance de cause, la promesse d'être épouse et mère, et si, par ses refus réitérés, elle forçait le mari à chercher hors du foyer une diversion à ses dédains, cet abandon, si sévèrement qu'il puisse être jugé par les étrangers, ne serait que le châtiment mérité de l'indifférence et de la folie qui l'ont poussée à ourdir, de ses propres mains, la trame d'un cilice qui la blessera cruellement.

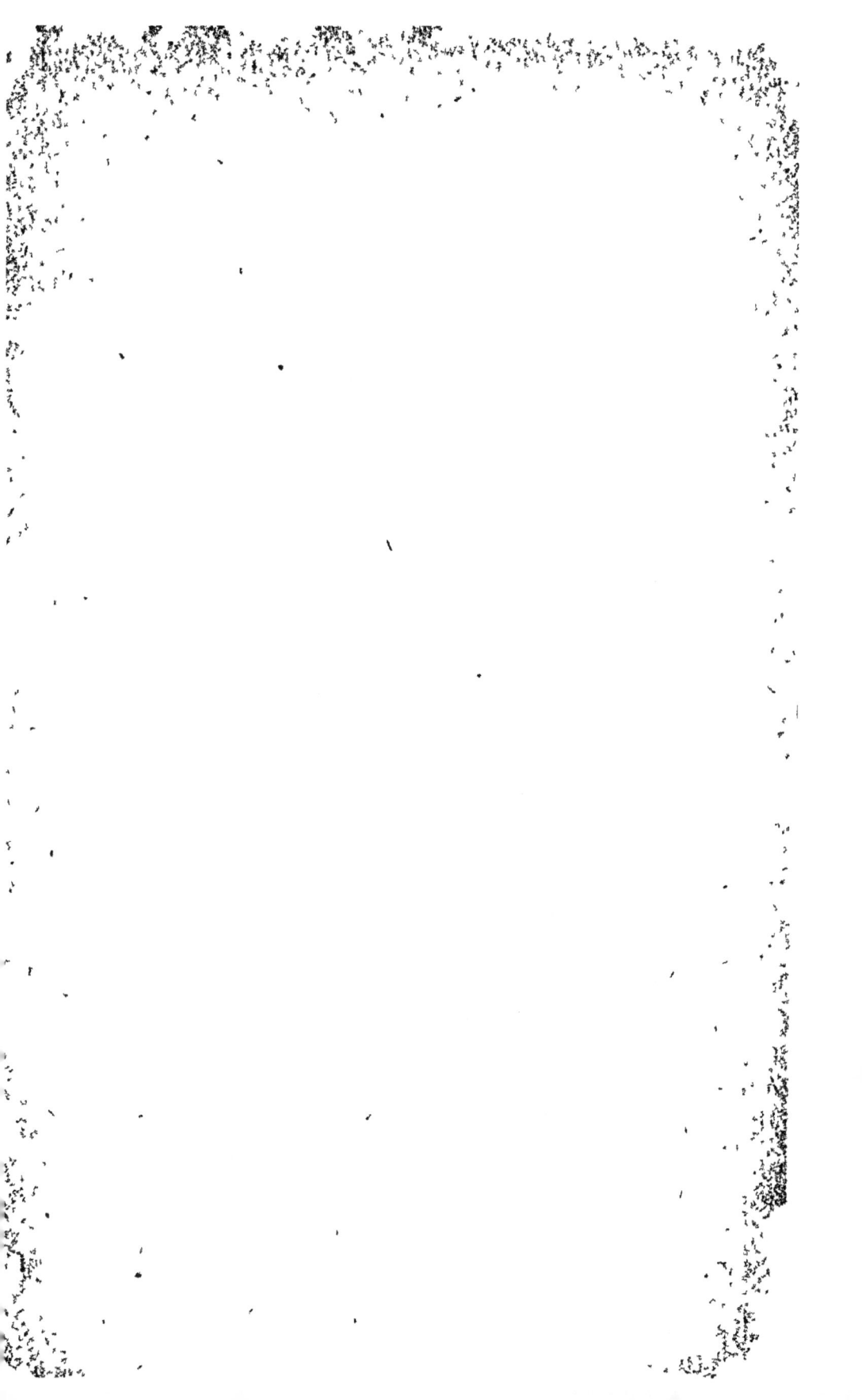

CHAPITRE III

La compagne. — La camarade. — L'associée. — L'amie.

La vie conjugale n'est pas, comme les jeunes filles mal averties sont trop disposées à le croire, un hymne non interrompu de tendres protestations.

La prose et les réalités y jouent leur large rôle, et, dans les unions les mieux assorties, il est nécessaire, sous peine d'arriver très vite à la lassitude sentimentale, de mêler aux vers caressants de l'éternelle romance des phrases plus substantielles, qui sont les commentaires des événements et des gestes imposés par leur enchaînement.

Il n'est pas suffisant, pour une femme moderne, d'être l'épouse de son mari : il doit encore trouver en elle l'amie, la confidente, celle dont il recherchera les conseils et dont il escomptera l'indulgence.

Elle doit être la compagne des joies et des peines, celle enfin devant laquelle il pensera tout haut, avec la certitude d'être compris.

L'épouse qui sait être, en même temps, l'amie, la camarade et l'associée, joue dans la vie de son mari le rôle d'une seconde conscience, à laquelle il ne manque jamais d'en appeler pour contrôler les décisions de la première.

Dans le mariage, il faut savoir, comme les personnages qu'un célèbre sculpteur a représentés, partager le fruit de la vie.

La diversité des préoccupations, en creusant entre les époux un fossé qui va toujours s'élargissant, interdit l'échange des pensées, qui ne se fait que par la jonction des esprits, dans l'étroite communauté créée par la similitude des aspirations.

La divergence des buts amène forcément l'éclosion de pensées disparates, qui se résolvent en décisions contradictoires, et, de la discordance des désirs, naît bientôt une lutte sourde, prélude ordinaire d'un combat plus rude, dont la seule cause réside dans l'antagonisme des âmes.

Dans cette bataille quotidienne que devient le bonheur ? C'est un oiseau farouche que le bruit des querelles fait fuir. Il ne revient volontiers que lorsque l'harmonie et la paix ont pris la place des tracasseries et des éclats intempestifs.

Pour les époux pratiquant la doctrine de l'unité de pensées, la vie quotidienne est parsemée de petites joies qui, prises séparément, peuvent sembler négligeables, mais dont l'ensemble constitue un faisceau de bonheur.

On pourrait comparer la répétition de ces menues satisfactions à chaque épi, qui, récolté séparément, est une chose inutile et sans importance, mais, ajouté à l'épi précédent, vient bientôt former une de ces gerbes, dont la multiplicité fait la richesse et l'abondance des moissons.

Enfin, il faut bien en convenir, la connaissance du devoir et celle de la conduite à suivre ne sont pas toujours aisées à posséder, et il est souvent bon d'être deux pour en discuter.

La prudence de l'un atténue la fougue de l'autre ; la conviction, en pénétrant dans le cœur du sceptique, lui donne l'énergie nécessaire pour continuer la série des efforts, tandis que les idées édificatrices, se solidifiant par la force attractive d'un appui mutuel, préparent les matériaux des achèvements durables.

C'est dans les simples préoccupations de la vie de tous les jours, que l'épouse, amie, associée et camarade, se montre dans tout le rayonnement de son efficace influence.

Heureux le mari qui en rentrant, préoccupé de ses affaires et las des fatigues de la journée, trouve une compagne qui est en même temps une amie éclairée.

Il arrive parfois qu'à force de remuer la même idée, il ne se rend plus compte de son exacte portée; il croit l'avoir examinée sous toutes ses faces, mais en a-t-il bien pesé tous les inconvénients?

3

C'est en l'exposant à sa femme, en matérialisant, en quelque sorte, sa pensée par des mots, qu'il en viendra à découvrir certains côtés, dérobés jusque-là sous le voile de l'enthousiasme ou l'épais manteau des scrupules imaginaires.

Devant cette amie, qui est en même temps son associée, il ne craindra pas de formuler les objections qu'il n'osait énoncer tout bas, dans l'angoisse d'éveiller des impressions capables de porter atteinte à l'impartialité de sa décision.

Mais combien il faut plaindre celui qui, au lieu de rencontrer dans l'épouse la compagne assidue, l'associée prudente et l'amie aux sages conseils, ne trouve qu'une poupée, uniquement occupée de futilités, qui bâille en l'écoutant, répond de façon à lui faire voir qu'il n'a pas été compris, en un mot ne sait pas lui cacher à quel point elle se désintéresse des choses dont il l'entretient.

Après quelques tentatives il se découragera, taira ses projets et prendra seul des résolutions, qui, discutées et mûries, eussent été heureusement modifiées et peut-être impitoyablement écartées.

Certaines femmes parviennent à ce même résultat fâcheux en discutant avec trop de frivolité ou trop de passion mesquine.

Si les hommes attachent, en général, peu de portée au jugement des femmes, c'est qu'il est trop fréquemment entaché de puérilité ou de jalousie sans ampleur.

L'inattention est encore une cause constante du délaissement moral de la femme.

Celle qui est véritablement la compagne et l'associée sait tendre son esprit pour écouter les explications, quelquefois un peu ardues, souvent techniques, que son époux lui donne.

Elle cherchera à se mettre à la hauteur des discours de son mari, si élevée soit leur portée.

Jamais elle ne laissera son imagination s'évader du sujet dont il est question entre eux.

Il est bon que l'homme ait la conscience de ne pas parler une langue étrangère devant une non-initiée.

Cette fragilité d'attention est presque toujours jugée sévèrement par le causeur, qui y voit un manque d'égards.

La vraie femme doit savoir adapter la pente de ses préoccupations à celles de son mari ; à la communauté de pensées est subordonnée l'indivision de la vie, ainsi que l'intérêt qu'éveille toujours la défense de la propriété.

Si son instruction est trop limitée en cette matière, elle s'astreindra à l'étudier, de façon à se tenir au courant, au point de vue intellectuel, aussi bien que matériel et social, de ce qu'elle doit considérer comme la base même de son existence, puisque cela touche directement le compagnon qui est un dédoublement d'elle-même.

L'épouse, qui est en même temps l'associée, discutera le budget, prévenant ainsi des prodigalités in-

tempestives et · évitant · au ménage des charges trop
lourdes.

Cette immixtion dans la conduite des affaires lui
permettra de régler les dépenses somptuaires suivant les ressources dont ils disposeront, en tenant
compte des exigences de la situation et de l'opportunité d'un plus ou moins grand luxe, eu égard aux ambitions qu'ils nourrissent.

Les tourments d'argent, quoi qu'on dise, priment les
autres.

Ils dominent la vie, en détruisent l'indépendance et
en troublent la sérénité.

Il n'est certes pas question de faire ici l'éloge de la
richesse, qui comporte aussi bien des embarras et
n'est, de plus, guère accessible à la plupart.

Mais il n'est pas de ménage, si modeste soit la situation des époux, qui ne puisse vivre sans soucis matériels, dans l'ignorance du joug de la dette, si tous deux
savent se concerter et s'entendre pour concourir au
bien-être commun.

Dans l'ordre de ces concessions mutuelles entrera
aussi le sacrifice d'un plaisir, quand il s'agira pour la
femme d'opter entre une distraction attendue et une
manifestation grave, ennuyeuse parfois, mais nécessaire à l'avenir de son mari.

L'abstention impliquerait parfois un désintéresse-
ment qui pourrait être sévèrement jugé, et, en bonne
associée, elle saura se dévouer, le sourire sur les
lèvres,

Nous avons déjà dit quelle était l'importance de la bonne humeur,

Celle qui veut réellement seconder son mari ne saurait trop cultiver cette qualité, qui, dans bien des circonstances, prend les proportions d'une vertu.

Elle est d'autant plus précieuse qu'elle implique toujours un raisonnement sain, dont la genèse est une philosophie puisant ses racines dans la sûreté du jugement.

La bonne humeur, en permettant une appréciation dénuée d'hostilité et de découragement, engendre cette sécurité morale dans laquelle se complaisent les âmes d'élite.

Elle doit être l'apanage de la femme qui veut devenir la véritable camarade de son mari.

La camaraderie est aussi la grande niveleuse des sexes, car les lois du magnétisme moral, en déterminant la tendance qu'ont les âmes en relations très étroites à s'assimiler les mêmes impulsions, permettent à chacun des époux de s'imprégner des états affectifs de l'autre.

Cette communauté de sentiments et d'aspirations les lie plus infailliblement que les juvéniles élans, dont le temps émousse, tôt ou tard, l'acuité.

Par le mot camaraderie, il faut surtout entendre le goût de se trouver ensemble, de partager les mêmes distractions et de subir les mêmes peines.

L'épouse, qui veut être aussi la camarade de son mari, sait prendre part aux plaisirs qu'il préfère, ainsi qu'elle s'intéresse à ses affaires ou à ses études.

Il se peut que parfois les joies qui lui échoient ainsi ne soient pas tout à fait celles qu'elle élirait; mais elle sait que c'est seulement en partageant la vie de son mari qu'elle rendra son image inséparable de toutes ses pensées.

Quoi qu'il entreprenne, quoi qu'il projette, sentimentalement ou pratiquement, les traits de l'épouse; en même temps compagne, amie, associée et camarade, lui apparaîtront.

Le jugement qu'elle portera fera l'objet de ses préoccupations constantes.

Il prendra l'habitude de ne rien commencer sans la consulter, sachant bien que ses avis sont marqués au coin de la claire raison.

Il ne lui dissimulera rien de sa vie, car il sait que, prompte à partager ses espoirs et à les fortifier, elle deviendra la confidente des doutes et la consolatrice des échecs.

C'est elle encore qui le réconfortera lorsque, étourdi par la chute d'un projet longtemps caressé, il sentira sa volonté osciller au vent du découragement.

Pour l'épouse qui sait être à la fois l'associée, la compagne, la camarade et l'amie, les années peuvent se succéder sans amener l'indifférence de l'époux.

Lorsque la passion ardente s'atténuera, l'amour profond s'épanouira magnifique et mille fois plus vivace, comme un beau fruit succédant aux frêles fleurs dont il est issu.

L'épouse ne doit pas être seulement une femme ; elle doit être toutes les femmes, c'est-à-dire la synthèse de l'âme élevée, aimante et généreuse, en un mot l'ouvrière de son propre bonheur, qu'elle édifie en bâtissant celui de l'époux.

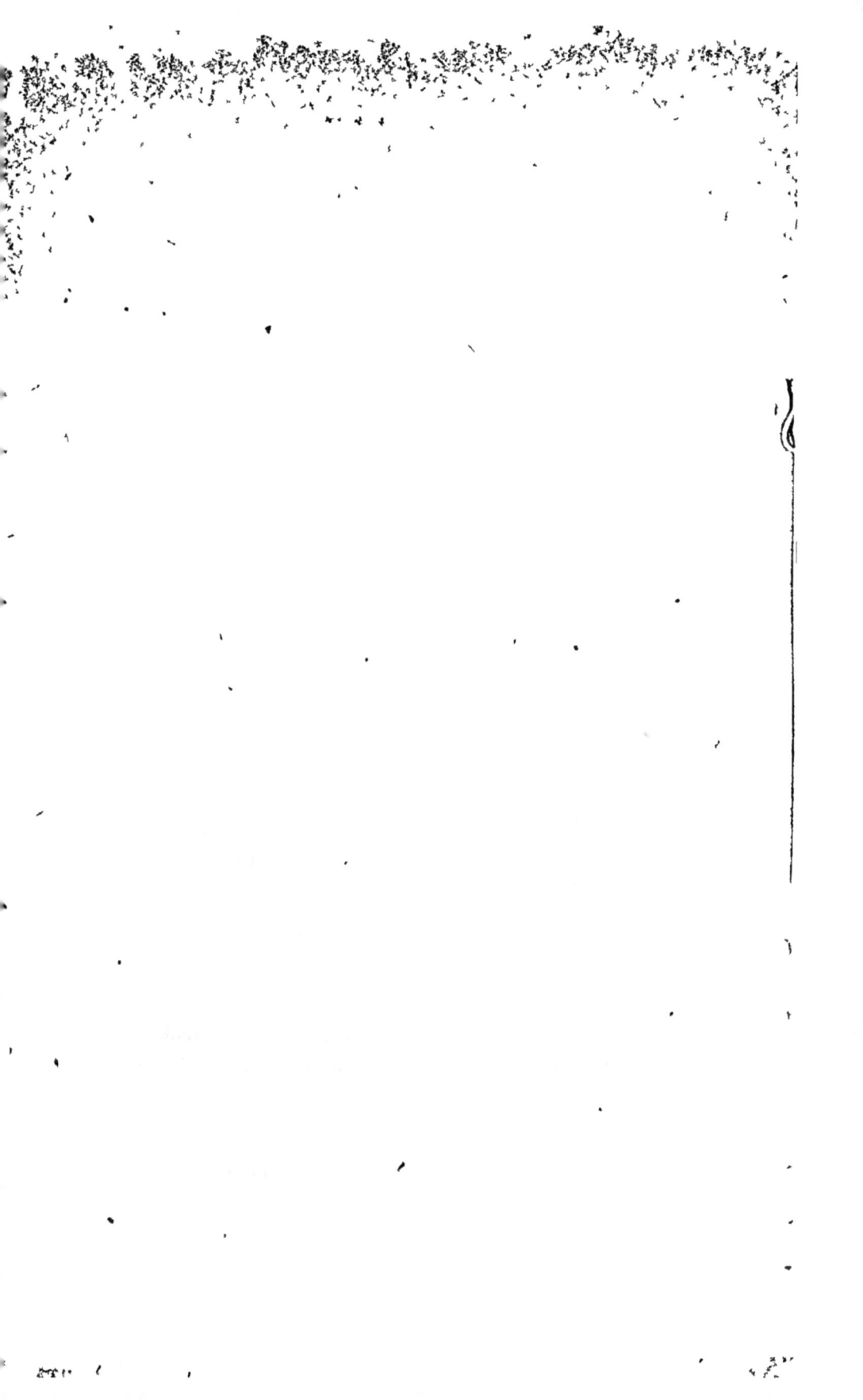

CHAPITRE IV

La femme dans son foyer.

Le foyer a, de tout temps, été regardé comme le véritable terrain de manœuvre d'où la femme mariée dirige les événements, qui, suivant son adresse ou son habileté, peuvent devenir, pour elle et les siens, autant de sources de bonheur ou de désastres.

Dans la bataille de la vie, elle joue le rôle du tacticien qui, du fond de son cabinet de travail, dirige toutes les péripéties des rencontres.

Il sait prévoir les fautes de l'ennemi, ses ruses, ses défaillances, ainsi que ses retours offensifs.

Il organise également le service de l'intendance, réglant l'envoi des vivres et des objets concernant le bien-être et les besoins matériels du soldat, car il sait que la vigueur de l'âme doit être soutenue par la force qui rayonne de la santé corporelle.

Aussi les gens de sens profond ont-ils pour lui, lors

de la définitive victoire, autant d'admiration que pour le général qui l'a brillamment remportée.

C'est là ce que doit comprendre la femme moderne, qu'une éducation forte a largement imbue du sens de ses responsabilités et de ses devoirs.

Si l'homme combat ouvertement pour la conquête du présent et de l'avenir, c'est à elle qu'est dévolu le soin de préparer les conditions de la lutte, de façon à ne négliger aucun des avantages qui peuvent en préparer l'heureuse issue.

Il n'est aucune classe de la société où la femme ait le droit de se dérober à ce devoir essentiel.

Les moyens de défense changeront, bien entendu, suivant le rang qu'elle occupera dans cette société.

Dans les situations moyennes, sa préoccupation sera celle d'arriver au plus haut degré de confortable, avec le moins de frais possible, car l'acte de venir à bout d'un budget médiocre est un tour de force que maintes femmes accomplissent quotidiennement.

Il serait injuste de ne pas les en féliciter, car ce résultat représente mille petites ingéniosités, dont la répétition peut passer pour une manifestation très louable de volonté.

Savoir exactement le prix des choses, s'entendre à faire des achats avantageux, tirer parti de tout, donner aux plus modestes objets un aspect aimable, accommoder le mets le plus simple d'une façon appétissante, le présenter agréablement, dédier des soins quotidiens aux vêtements et au maintien de leur aspect convenable, tout cela constitue une série d'actes dont la genèse est une tension constante du désir du bien.

Dans les classes plus aisées, la question du rang à garder crée souvent des soucis incessants à la femme, soucieuse de sa dignité.

La prodigalité des domestiques, qui l'atteint dans ses œuvres vives, sera pour elle l'objet d'un minutieux contrôle, et sa défense sera d'autant plus énergique que le rapport sera moins étroit entre le train de maison et le budget.

Cependant, tout en maintenant les apparences, qui sont parfois une étiquette indispensable, celle qui a bien compris les enseignements de l'éducation moderne saura écarter les futilités coûteuses, qui ne sont que des enseignes menteuses, dont les événements se chargent toujours de démontrer la fausseté.

S'il est quelquefois nécessaire de bluffer, il est toujours préjudiciable de mentir et, s'il survenait une débâcle, elle en aurait doublement à souffrir, car elle ne rencontrerait aucune sympathie parmi ceux qu'elle aurait cherché à éblouir, et dont la plupart ne verraient dans ses chagrins que la revanche de leur amour-propre froissé.

On se méprend trop souvent sur la valeur du mot: foyer.

Pour beaucoup de gens, se créer un foyer, c'est organiser un intérieur aussi complet et aussi luxueux que la situation le permet.

Pour d'autres, c'est arranger une installation dans un

lieu que le choix ou les circonstances ont fait élire.

Il en est aussi pour lesquels ce mot indique simplement l'adresse d'un domicile.

Le foyer, c'est bien un peu tout cela, mais c'est encore autre chose.

A côté de sa signification matérielle ce mot en éveille une autre, qui est celle d'un cercle familial. .

Le foyer, son nom l'indique, est la réunion, autour de l'âtre, de tous ceux qui partagent la même vie, vibrent des mêmes émotions, se réjouissent des mêmes bonheurs et pleurent de chagrins semblables.

C'est l'endroit où se rassemblent tous ceux que des mêmes intérêts généraux rapprochent, qu'un même nom désigne, c'est enfin le point de jonction de ceux qui constituent la famille.

Pour la toute jeune femme, cette famille se compose généralement d'un seul être : le mari.

La solitude ou le veuvage sont cause que parfois la mère, ou une parente de l'un des époux, se joint à eux, mais la généralité des foyers se créent par et pour le jeune ménage seulement.

Il est certain que plus ce lieu de réunion sera riant, plus il sollicitera le désir d'y vivre et plus il sera facile à la jeune femme d'y retenir l'époux.

Il y a donc, pour elle et pour la bonne harmonie future du ménage, un intérêt primordial à éveiller la complicité des choses, en les rendant accueillantes et hospitalières.

Il n'est pas question ici d'installations luxueuses ; si la

fortune des époux leur permet la recherche de la richesse
pour leur logis, ils pourront s'organiser certes une
demeure agréable et somptueuse, mais là ne gît pas le
charme du foyer.

Il réside, quant au côté matériel, dans l'ambiance que
sait produire une femme adroite et attentive, par l'as-
semblage et la disposition des objets, si modestes qu'ils
puissent être.

Un logement salubre, meublé d'une façon confortable, est un rêve qui peut être réalisé par les ménages
les moins fortunés : un fauteuil commode, la table à
écrire posée dans un jour favorable, la lumière installée
d'une façon intelligente, c'est de toutes ces menues
choses que se trouve formée la joie matérielle du foyer.

Il faut songer aussi qu'il y a une attirance spéciale
dans les choses et que les liens de l'habitude sont les
plus résistants de tous.

Dans les moments de crise, lorsque les esprits en
effervescence démêlent mal leurs aspirations véritables
du flot des impulsivités mauvaises, ce que ne pourraient faire les plus sages exhortations se trouve parfois réalisé par la vue des objets matériels, dont la pos-
session journalière ne peut s'allier à l'idée de séparation.

Ces meubles familiers, ces humbles témoins de la
vie de tous les jours semblent alors doués d'une âme,
qui depuis longtemps s'est fondue dans celle de leurs
propriétaires.

Les souvenirs qui y restent accrochés se lèvent en

foule et viennent voleter autour de celui qui, sous l'empire d'un sentiment passager, avait résolu de les quitter, retardant l'accomplissement du geste définitif qui le séparerait d'eux.

Une bonne femme d'intérieur ne négligera pas non plus de joindre à tous ces soins ceux d'une hygiène bien comprise; elle composera une nourriture saine, abondante et aussi recherchée que le permettent les ressources dont elle dispose.

Maintes femmes dans l'aisance ne dédaignent pas de surveiller la confection de certains plats flattant les goûts du mari, et, au besoin, les préparent elles-mêmes.

Sans attacher un prix trop considérable à la bonne chère et faire une idole de son estomac, il est bon de ne pas trop négliger ces petites satisfactions matérielles, dont la fréquence apporte un bien-être dans l'existence, en excluant le désir de le chercher ailleurs.

Cependant, pour mériter la qualification de « femme de foyer », il n'est pas nécessaire de consacrer uniquement ses facultés aux choses du ménage.

Certes il est important de faire aux siens un nid délicat et chaud, mais faut-il encore que l'harmonie de l'existence permette d'apprécier ces douceurs.

La vie sentimentale, dans le sens le plus élevé du mot, doit être aussi la préoccupation de la femme de foyer.

Combien diminue la portée des soins matériels et du bien-être qui en découle, si l'intérieur est troublé par des querelles incessantes ou un dévouement agressif, qui suffiraient pour en éloigner ceux qu'on s'efforce d'y conserver.

Beaucoup de femmes (et d'hommes aussi hélas ! mais c'est de la femme que nous nous occupons), beaucoup de femmes réservent pour les étrangers les grâces de leur extérieur et de leur caractère.

Dans l'intimité elles se montrent négligées, les cheveux en désordre; elles arborent des toilettes dont toute esthétique est bannie, et il faut convenir que la plupart du temps elles ne prennent pas plus de soins de leur amabilité que de leur aspect. La moindre contrariété les trouve revêches, intolérantes ; elles ont des impatiences fréquentes, des accès d'humeur, des bouderies sans raison.

Avec les domestiques elles se montrent exigeantes, acariâtres.

D'autres crient sans cesse sur un ton suraigu, au lieu de formuler sagement leurs observations.

Qu'arrive-t-il ? Toujours la même solution : les domestiques fatigués s'en vont après un séjour éphémère, et, comme eux aussi sont aigris par la façon dont on les a traités, ils ne manquent pas de répandre à l'égard de « Madame » des appréciations qui ne sont guère flatteuses.

Si bien que ces renseignements, en écartant les serviteurs sérieux, laissent le ménage à la merci de la tourbe des gens qui ne se placent que dans les maisons peu recommandables, car ils le sont eux-mêmes modérément.

Dans cet état de choses, l'humeur désagréable de ces femmes s'accroît; la paix s'enfuit, chassée par des querelles journalières, et l'ange de la discorde étend sur le foyer ses ailes de cendres.

Dirons-nous combien est à plaindre le mari qui ne trouve sa femme parée et affable que lorsqu'il la voit devant des étrangers ?

Dès qu'il en survient, l'humeur revêche de celle-ci se mue en sourire, et ses oripeaux mal soignés en élégantes toilettes.

Il faut donc qu'il se résolve à rompre le plus fréquemment qu'il le peut l'intimité de son ménage, pour retrouver dans sa femme la fiancée dont l'attrait l'avait séduit jadis.

Si les jeunes femmes pouvaient savoir à quel point elles compromettent leur bonheur ainsi, il ne se trouverait aucune d'elles qui ne prît à cœur de se corriger et de chercher à réaliser le type idéal de la femme d'intérieur.

Elles s'efforceraient toutes de faire vivre le plus longtemps possible l'image de la claire jeune fille qui, aux charmes que possédait celle-ci, ajouterait les grâces de la femme, dans ce qu'elles ont de plus attrayant, c'est-à-dire le soin de sa personne et celui, non moins important, de ses qualités morales.

La patience et la douceur sont de meilleurs maîtres que l'impatience et l'intolérance.

Ce souci s'étendra encore jusqu'à la coquetterie de l'habitation : une fleur fraîche, un coussin brodé, le moindre détail dénotant un désir de plaire, seront bien accueillis par le mari, qui s'intéressera, lui aussi, à l'embellissement du logis.

Il y rentrera avec d'autant plus de joie qu'il sera certain de ne pas être assourdi par des récriminations ou des plaintes, causées par la mauvaise humeur; la négligence n'y apportera pas la désorganisation, enfin il trouvera autour de lui une atmosphère de paix et d'élégance relative, compagnes inséparables du bien-être.

La femme d'intérieur se préservera de la dette comme d'une calamité primordiale.

Elle sera dans sa maison la bonne organisatrice du bonheur du foyer.

Elle évitera d'entretenir son mari de commérages sans valeur, fera son possible, après lui avoir dispensé le confortable, pour lui donner ce qu'on pourrait appeler le superflu de l'esprit, c'est-à-dire de le maintenir, par une conversation intéressante, hors du domaine des réalités qui l'assaillent tout le jour.

En ceci encore elle fera œuvre de prévoyance, car les idées présentées, en modifiant le cours de la préoccupation quotidienne de l'époux, le rendront plus lucide dans l'examen de ses devoirs d'état, lorsque, le lendemain, après un repos cérébral intelligemment rempli, il reprendra la chaîne de ses travaux, d'autant plus légère pour lui qu'il sait bien n'être pas tout seul à la porter.

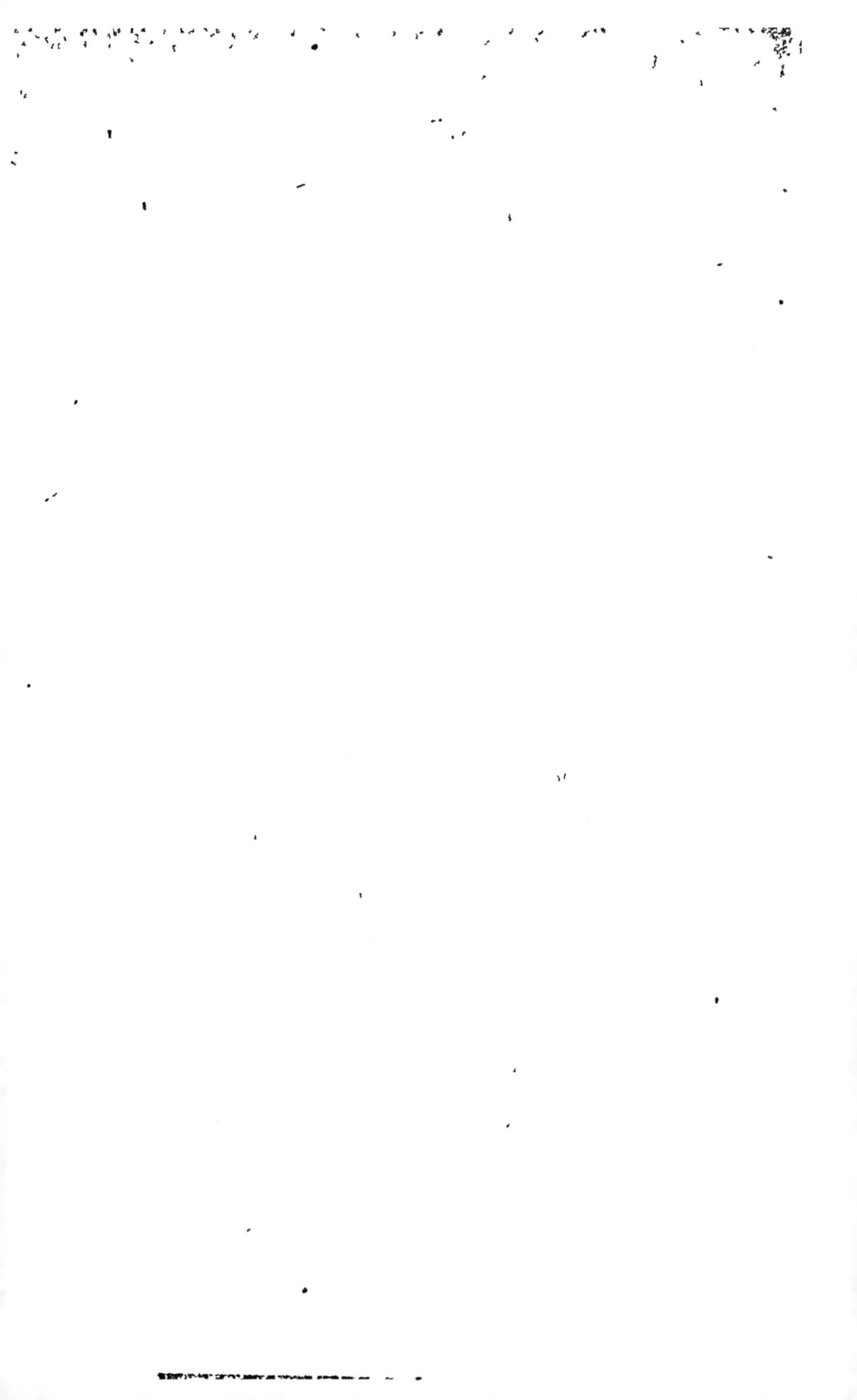

CHAPITRE V

Les devoirs mondains.

Il faudrait bien se garder d'entendre, par ce mot, les frivolités dont maintes femmes se plaisent à remplir leur vie.

C'est à dessein que nous avons fait précéder le mot « mondain » par celui de « devoir ».

On comprend généralement sous cette dénomination toutes les obligations qui, en créant un contact entre des égaux ou avec des supérieurs, sont la source de relations, pouvant être intelligemment utilisées de part et d'autre.

Ces manifestations ont presque toujours lieu dans des conditions qui les font qualifier du nom de plaisirs.

Il est cependant certains cas où la femme qui éviterait de prendre part à ces plaisirs et qui en détournerait son mari, manquerait à son devoir en lui faisant négliger le sien.

Ce qu'on appelle « le monde » et que dans des mi-
lieux plus modestes on nomme « la société », constitue
un ensemble de relations qu'un jeune couple, soucieux
de son avenir, doit cultiver, sous peine de tomber dans
l'oubli et de manquer, le temps venu, des appuis désirables.

Il fut un temps, pas très éloigné encore, où, dans
les unions modestes, le soin des relations extérieures
était dévolu au mari seul, qui, du reste, bornait son
effort à quelques visites officielles, pendant lesquelles
il stationnait morose dans une embrasure de fenêtre,
à peu près inaperçu et en proie à un ennui si morne
qu'il évitait avec obstination le retour de ces corvées.

L'évolution moderne, en élargissant le domaine de
la femme, lui a créé d'autres devoirs.

L'idéal de l'épouse n'est plus de garder le logis en
filant.

La femme moderne n'est plus la créature passive
qui se contentait d'attendre que le mari pourvût aux
besoins matériels, à la satisfaction desquels elle avait
seulement la charge de présider.

Comme autrefois leurs aïeules des temps préhisto-
riques, tapies à l'ombre des cavernes, attendant que
l'homme ait apporté la proie, conquise au prix de mille
dangers auxquels elles ne participaient pas, les femmes
des époques précédentes se tenaient volontiers au logis,
où elles vivaient dans l'ignorance des affaires sérieuses,
dont elles ne connaissaient que les grandes lignes.

Leur fonction se bornait à faire l'usage le plus judicieux possible de l'argent apporté par le mari, dans le but de lui procurer à lui et à toute la famille la somme de bien-être la plus grande, avec le minimum de dépense.

Celles qui désiraient échapper à cette inertie morale étaient fort blâmées, car il n'était guère admis, si ce n'est dans le tout petit commerce, que la femme fût instruite par le détail des soucis journaliers de l'homme.

Faut-il ajouter que la plupart d'entre elles ne trouvaient rien à redire à cet état de choses, et que l'éducation de ces temps-là, en maintenant chez les femmes une mentalité courte, les rendait peu aptes à s'assouplir à des préoccupations plus amples que celles du ménage.

Avec l'éducation moderne, le rôle de la femme s'est étendu et compliqué.

Elle aspire à devenir autre chose qu'une éternelle protégée; elle ne veut plus être seulement la dispensatrice du bien-être matériel, dû à l'industrie de l'homme.

Elle veut être aussi l'organisatrice de l'avenir.

D'accord avec son mari, elle le prépare, en usant de tous les moyens que la société actuelle lui impose comme autant de devoirs.

Même dans les conditions les plus souhaitables de fortune, aucune femme, à notre époque, ne s'en trouve libérée; et leur inobservance, si elle ne l'atteignait pas directement, frapperait à coup sûr tous les siens, en leur fermant bien des routes.

Celle qui, se fiant à son aisance et à son peu d'ambition, se soustrairait, pour obéir aux incitations d'un égoïsme improductif, aux exigences mondaines, ne tarderait pas à recevoir la punition de son indifférence.

A moins de se cantonner dans une inaction dont elle serait la première à souffrir, elle éprouverait le besoin de se livrèr à une étude quelconque et, là encore, les devoirs mondains se dresseraient devant elle, sous le nom de relations artistiques.

Ces devoirs, auxquels il est maladroit et vain de vouloir échapper, se composent d'obligations créées par la situation ; par exemple :

Les visites aux supérieurs et à leur famille.

L'acceptation empressée des invitations qu'ils adressent.

Les réponses diligentes aux lettres reçues.

Les attentions, telles que :

Les souhaits de fête ou d'anniversaire.

Les envois de condoléances, après une triste nouvelle.

Les félicitations concernant une distinction ou l'annonce d'un événement heureux.

Les visites rendues.

L'empressement à s'enquérir des nouvelles d'un malade.

La façon aimable dont on présente un refus.

Les soins apportés à la correspondance, dont la rédaction doit toujours s'adapter à la situation réciproque.

Les réceptions, très modestes ou plus luxueuses qu'il faut organiser de temps en temps, afin de maintenir les relations avec ceux dont la fréquentation peut être utile.

Nous ne parlerons pas de celles qui sont simplement agréables, car elles échappent à la classification : devoirs, pour rentrer dans celle des plaisirs.

Pour les petites bourses, ces soins deviennent une véritable corvée, car ils se compliquent des exigences de la toilette appropriée aux circonstances et de ces menus frais de déplacement, qui viennent grever les budgets, déjà difficiles à établir.

Aussi la femme qui sait, dans une situation médiocre, concilier ses obligations mondaines avec l'exiguïté de ses revenus, doit être considérée comme une auxiliaire dont le mérite est doublement appréciable.

Elle en est, du reste, presque toujours très vite récompensée par l'avancement de son mari ou l'amélioration de leur fortune.

Ceci demande pourtant un tact infini, car, tout en ne négligeant pas de remplir ses obligations mondaines, il lui faut éviter de tomber dans l'exagération de celles qu'une fausse conception de ces devoirs, alliée à une certaine légèreté d'esprit, entraine vers les plaisirs frivoles, qu'elles confondent trop volontairement avec les nécessités mondaines.

Nous ne parlerons pas ici des favorisées de la fortune, qui jouissent, de ce côté, d'une indépendance plus marquée ; nous écrivons pour celles auxquelles la modicité

de leurs revenus impose une plus grande circonspec-
tion.

Une femme qui, au lieu d'accepter les devoirs
mondains que la situation de son ménage comporte,
recherche les invitations dans un seul but d'amuse-
ment, ne sera jamais la compagne idéale.

Il n'est certainement pas interdit d'allier le devoir et
l'agrément, mais entre deux alternatives elle devra choisir celle qui présente les conditions d'utilité désirables
pour l'avenir.

Pour cela elle n'hésitera pas à entraîner son mari, même
si ce dernier, fatigué d'une journée laborieuse, envi-
sage avec appréhension la perspective de se mettre en
tenue de soirée pour aller bâiller dans un coin de
salon.

C'est à elle de le convaincre, en lui démontrant que
leur présence sera, à tout le moins, un acte de déférence.

Mais son effort ne se bornera pas là, et, dans le cas
où le mari, par timidité, gaucherie, ou sentiment de
fierté exagérée, négligerait de se faire valoir, le devoir
de la femme est de chercher à provoquer une présen-
tation entre lui et des personnages influents.

Ce sera pour lui une occasion, le cas échéant, de n'être
pas un étranger vis-à-vis de ceux qui pourraient l'aider
dans sa carrière, en leur rappélant, le moment venu,
qu'ils se sont rencontrés dans telle ou telle circon-
stance.

Toutes ces démarches, bien entendu, doivent être

pures de tout esprit d'intrigue, car, outre qu'elles
deviendraient alors blâmables, elles ne tarderaient pas
à être percées à jour, et ces menées, en attirant le mépris
du monde sur celles qui les ourdissent, auraient pour
effet de les faire redouter, si bien qu'au lieu de leur
tendre la main, on ne songerait qu'à les écarter.

L'observation des devoirs mondains doit être basée
sur une ambition légitime, dont la source gît dans l'as-
piration à s'élever, pour atteindre au mieux en faisant
tour à tour usage de son influence et de sa fortune.

En s'unissant à son mari pour remplir ces menus
devoirs, la femme doit être hantée, non d'un désir mesquin de plaisir, mais d'une idée noble, que le vœu des
races développe au cœur de toutes celles qui sont imbues de la grandeur de leur mission.

Chacune d'elles doit se regarder comme la fondatrice
— ou la continuatrice — d'une génération, qu'elle veut
belle et forte entre toutes.

Or la fortune est une puissance, dévolue à ceux qui
savent la conquérir.

Par le mot « fortune » il ne faut pas toujours comprendre « richesse »; la fortune est, souvent aussi, la
définition consacrée pour déterminer le couronnement
d'une carrière

Elle devient alors l'instrument à l'aide duquel il est
loisible de construire le bonheur des autres, après avoir
édifié le sien.

C'est la clef qui permet d'ouvrir aux plus proches
cette porte de l'avenir, que tant d'autres, moins privi-

légiés, doivent franchir de vive force, après en avoir
longtemps fait le siège.

C'est aussi le droit d'être indulgent et bon, car le
souvenir de la lutte passée rend secourable envers
ceux que, du haut des sommets conquis, on aperçoit
dans la plaine, combattant, comme on l'a fait jadis, des
ennemis tout pareils à ceux qu'on a réduits à merci.

Tout cela tient souvent dans une main de femme,
sachant à propos manier l'aiguille pour masquer, par
son industrie, la vétusté d'un costume, écrire, en temps
opportun, les phrases nécessaires, ou courir sur un
clavier pendant de longues heures, pour s'adonner à la
besogne ingrate de faire danser les autres; en un mot,
remplir ces mille petites corvées que l'on appelle les
devoirs mondains, dont l'accomplissement, souvent
fastidieux, est l'élément indispensable de toute réussite.

CHAPITRE VI

Les devoirs sociaux.

Aucune des femmes de notre époque n'a le droit de se désintéresser des problèmes vitaux, dont la solution peut être l'aube d'une nouvelle vie sociale.

Par la conquête des droits et des privilèges dont ne furent pas gratifiées ses devancières, la femme moderne s'est créé des devoirs, auxquels, sous peine de faillite morale, il lui est impossible de se dérober.

En sortant de l'ombre où, pendant des siècles, elle a traîné son indolence morale, elle a acquis un sens aigu des responsabilités, en même temps qu'elle a assumé la tâche d'y faire face.

Nous venons de voir qu'elle pouvait être la collaboratrice de l'époux et que, dans maintes occasions, elle ne devait pas borner son aide à des encouragements précieux, mais à une initiative véritable.

Il ne faudrait cependant pas que cette ardeur dégénérât en actes excessifs ou en démarches voisines de l'intrigue.

C'est là le grand écueil, contre lequel se heurtent les femmes mal averties.

Dans leur désir d'égalité, maintes d'entre elles dépassent le but et, croyant écouter la voix de l'âme sociale, ne suivent que les conseils de l'âme individuelle qui les anime.

Cette question ne préoccupe pas toutes les femmes au même point.

S'il en est qui consacrent leur vie à la défense de ces revendications, d'autres maintiennent dans des limites plus bornées le champ des investigations, qui, pour elles, ne dépasse jamais les soucis d'un intérêt immédiat et particulier.

Il est pourtant indiscutable que, par la loi d'association, les idées se fortifient et se complètent. Si même elles adoptent une forme un peu trop agressive, elles sont encore très intéressantes à étudier, car elles portent en elles un principe dont l'importance, même controversée, n'est pourtant que très rarement négligeable, quelle que soit la formule sous laquelle il est présenté.

C'est pourquoi il est bon que toute femme puisse, — dans la mesure de ses moyens et sans heurter la tendance d'esprit de la famille ni du milieu auxquels elle appartient, — se tenir au courant de tout ce qui regarde l'amélioration de la société, surtout en ce qui concerne la femme. L'existence matérielle de ses sœurs, ainsi que leur évolution morale dans les divers sens où elle est appelée à se développer, ne doivent jamais les laisser indifférentes.

Il en est de trop nombreuses, hélas ! qui se croient parfaitement quittes envers leur conscience lorsqu'elles ont versé leur cotisation à des associations dénommées bonnes œuvres.

D'autres comprennent la solidarité sociale sous le forme des ventes de charité, au cours desquelles elles paradent derrière un comptoir, en vendant des bibelots au profit des pauvres, qui, du reste, demeurent, les trois quarts du temps, aussi pauvres que devant, car les frais sont considérables, et l'on s'estime parfois heureux lorsque la balance des dépenses ne l'emporte pas sur celle des recettes.

Mais, pour les femmes superficielles dont nous parlons, cela n'a pas d'importance : il leur suffit, pour se croire indemnes d'autres devoirs sociaux, d'avoir fait acte de ce qu'elles appellent charité : une belle petite charité fanfreluchée, propice aux flirts et aux exhibitions de toilette.

Et on rentre chez soi avec le sentiment du devoir accompli, mélangé d'une petite pointe d'admiration pour ce qu'on appelle son dévouement.

Il est aussi des femmes qui obéissent, en se livrant à ces démonstrations officielles de charité, à un mouvement mal défini souvent, très raisonné parfois, sorte de compromis passé avec leur conscience, par lequel il leur semble légitime d'acheter un bonheur égoïste, par une générosité facile et peu encombrante.

Comme autrefois les troubadours acquittaient d'une chanson leur dette envers le péager, elles donnent de leur vie une journée, qu'elles meublent de riens brillants et de charitables intentions, puis s'envolent, légères, à la poursuite des joies qui passent.

Eh bien non! Celles qu'on nomme les heureuses de ce monde ont des devoirs sociaux plus étendus, et il leur faut payer plus cher le droit au bonheur.

Le devoir social ne consiste pas seulement en une charité anonyme et lointaine; il est surtout fait de solidarité,

Combien de femmes sont définitivement déchues parce qu'elles ont trouvé des juges sévères dans celles qui auraient dû les relever, les consoler, au lieu de les accabler du poids de leur austérité intransigeante!

C'est pour une aide et non pour une malédiction que la main de la femme doit se tendre vers ses sœurs en danger.

Et si, malgré les efforts, la chute se produisait, il ne servirait à rien de se dépenser en regrets méprisants et stériles.

La femme pénétrée de ses devoirs sociaux doit être la régénératrice, en même temps que la préservatrice.

Il lui suffira, pour remplir cette mission, de se pénétrer de cette vérité ;

Les instincts de ceux qu'on désire secourir se trouvent toujours modifiés de la façon la plus heureuse en raison du sentiment qui anime celui qui les approche.

Il est encore d'autres devoirs sociaux, communs, ceux-là, aux femmes de toutes les classes.

Nulle d'entre elles, à notre époque, n'a le droit de se dérober à la loi de la pensée.

Autant que ses occupations le lui permettent, et sans pour cela en négliger aucune, chaque femme doit se préoccuper des progrès de la solidarité.

Dans cet esprit, il est bon que celles dont le temps n'est pas entièrement accaparé par les soins de la famille, se tiennent au courant des incidents marquant l'évolution des idées généreuses, dont la réalisation est toujours un acheminement vers l'amélioration du sort des déshérités en ce monde.

Toute femme doit également s'attacher à la culture de la parole.

Nous ne voulons pas ici prévoir le discours politique, dont nous n'avons pas à discuter le bien-fondé; nous voulons seulement faire allusion aux occasions, que les femmes devraient multiplier, de se réunir, afin de centraliser leurs forces et de les canaliser vers un noble but.

Les blessés de la vie, comme ceux de nos expéditions lointaines, connaissent bien ces généreuses entreprises dont les échos leur parviennent sous forme d'allégement moral et de secours matériels.

C'est pour assurer la réussite de ces belles œuvres, qu'il est indispensable à la femme de ne pas ignorer les principes de l'art de la parole.

Les idées les plus fécondes en beaux accomplisse.

ments, si elles sont mal exposées, ont peu de chances de déterminer des résolutions

Il arrive, au contraire, qu'un projet médiocre soulève l'enthousiasme, si celle qui le présente est douée d'une élocution facile et convaincante.

C'est pour lutter contre les intrigues et ceux ou celles qui s'efforcent de les tisser, que la femme, éprise de ses devoirs, doit s'astreindre à l'étude de la parole, qui lui permettra de démasquer les œuvres louches et de préconiser celles dont le but est pur de toute pensée qui n'est pas l'altruisme.

Dans toutes les classes de la société, la femme mariée se trouve obligée de suivre un courant, qui l'entraîne vers des idées, des coutumes et des croyances si profondément enracinées, qu'il lui est souvent impossible de les battre ouvertement en brèche, sans encourir la réprobation de ceux qui l'entourent.

Le devoir social varie pour chaque femme avec sa situation de fortune et le rang qu'elle occupe dans la hiérarchie mondaine.

Il est des obligations qui sembleraient oiseuses et ridicules à certaines ménagères, et dont bien des femmes de la classe aisée ne peuvent se dégager, sans être sévèrement jugées par leurs pairs.

Il est des démarches que le vulgaire décore du nom de plaisirs, et qui ne sont que des tributs payés à la société par les femmes qui y tiennent une place prépondérante.

Faut-il ajouter que la répétition exagérée de ces

manifestations finit par les rendre fastidieuses, et que des femmes, montant en voiture pour se rendre à une réunion mondaine, envient l'humble ouvrière qui vient de leur apporter un objet de toilette, et qui, elle au moins, aura le droit de rentrer, une fois sa journée finie, et de goûter le repos au milieu des êtres qui lui sont chers?

Mais cette dernière non plus n'est pas exempte des devoirs sociaux.

Ils se présentent à elle sous la forme éternelle de la solidarité.

Elle assistera dans sa besogne une voisine encombrée d'enfants, et, en l'aidant à ne pas retarder l'heure du repas familial, lui épargnera les reproches du mari et peut-être une discussion pénible et préjudiciable au repos de tous.

Elle s'enquerra de la santé d'un malade de son voisinage, et, à défaut des petits présents qui font la joie des personnes alitées, elle lui apportera, si sa condition de fortune ne lui permet aucune autre dépense, de menues choses qui ne lui ont rien coûté : un journal ou un livre qu'on lui aura prêtés, une fleur qu'on lui a offerte, attentions prouvant sa sollicitude apitoyée.

Elle le fera participer surtout au trésor de sa bonne humeur et de sa charité, verseuse d'espoir.

C'est là, pour bien des malades, un don plus précieux que l'argent, et c'est un remède plus efficace que n'importe quelle potion coûteuse.

Pour la femme, résolue à dévouer une puissance ac-

5

tive à l'accomplissement de ses devoirs sociaux, la bonté doit être le moteur de tous les actes.

Mais cette bonté, pour mériter ce nom, ne doit jamais tomber dans le gouffre de la faiblesse.

La bonté, dans le sens ample du mot, doit surtout comporter une infinie indulgence.

Si la bonté irraisonnée touche parfois à la banalité, sœur de l'indifférence, celle qui naît du désir obstiné de mansuétude est une force d'autant plus grande, qu'elle est presque toujours le résultat d'une conquête sur un désir confus de vengeance, personnelle ou générale.

Être bonne avec ceux qui, volontairement ou non, ont été des offenseurs, est le plus magnifique des devoirs de la femme; c'est dans cette vertu que réside l'action sociale la plus efficace et la plus directe.

Elle ne doit cependant jamais oublier que le mot : « honneur » est aussi bien l'étendard de la femme qu'il est le drapeau de l'homme.

En un mot, la dignité, l'énergie et la bonté doivent être les mots d'ordre auxquels se rallient toutes les femmes que l'observance des devoirs sociaux préoccupe, celles qui n'ignorent pas, qu'à part le rôle d'épouse et celui de créatrice, il est pour elles une mission, non moins élevée, qui consiste en la pratique d'un altruisme éclairé et compatissant, d'où la faiblesse bannie fera place au désir énergique de la fidélité au bien.

CHAPITRE VII

La femme et l'intellectualité.

Si l'opportunité de l'intellectualité chez la femme est encore, à notre époque, un sujet de discussion, la faute en est à celles qui, sous ce prétexte, se sont complues dans des conceptions métaphysiques compliquées et vagues, dont elles accentuent encore l'incohérence par des définitions confuses et une terminologie laborieusement obscure.

Hâtons-nous de dire que ce genre, fort à la mode il y a quelques années, incline tous les jours à disparaître.

Les tendances d'unification dans l'éducation ont amené le nivellement des idées.

Les femmes, sans délaisser entièrement l'art charmant de la littérature fleurie, savent maintenant viriliser leur pensée et se plaire aux aperçus plus substantiels.

Celles qui produisent, aussi bien que leurs lectrices

habituelles, ont peu à peu abandonné le goût de l'ori-
ginalité excessive, pour se plaire à l'analyse coordon-
née et cohérente.

Les rêves pâmés dont les femmes de la génération
précédente enguirlandaient un idéal maladif, font maintenant place à des réalités subtilement présentées,
après avoir été étudiées minutieusement.

Est-ce à dire que la poésie ne trouve plus sa place
dans les œuvres des femmes?

Il en est, au contraire, qui se plaisent à nous attirer
à travers les méandres où les conduit une imagination
diaprée comme une robe de fée, et c'est un exquis
délassement pour l'esprit que de les suivre.

Cependant il est souhaitable de voir alterner avec ces
jolies frivolités la culture des questions plus sérieuses.

Dans la bibliothèque d'une épouse moderne, ces
livres gracieux seront, en regard des ouvrages sévères,
les paillettes brillantes, brodées çà et là sur un épais
brocard, non pour en atténuer la sévérité, mais, au contraire, pour mieux en faire valoir la discrète richesse.

Les livres, on l'a dit bien souvent, sont des compa-
gnons de choix, toujours prêts à parler quand on les
interroge et se taisant lorsque nous ne les sollicitons
plus.

Ils sont, suivant la pente du caractère, des conseil-
lers adroits ou perfides.

La lecture mal comprise peut être une source de
tourments pour les âmes marquées de faiblesse.

Beaucoup de femmes ont trouvé l'existence fade,

parce qu'elles s'étaient adonnées sans mesure à des lectures trop romanesques, dont elles n'avaient pas su dégager la fiction.

Ceci tient à ce que trop longtemps la lecture a été
considérée par les femmes comme un moyen de passer — quelques-unes disaient tuer — le temps.

La femme moderne sait y découvrir autre chose: elle
y voit, non seulement un plaisir délicat, mais encore
un moyen de s'instruire.

Elle y trouve aussi un aliment à des causeries, mondaines ou familiales, suivant les circonstances.

L'épouse avisée y verra le prétexte de déployer, vis-
à-vis de son mari, une connaissance des choses, dont
l'acquisition est d'un poids plus considérable qu'on ne
pourrait le penser dans l'accord conjugal.

Il est, en effet, précieux pour un mari de savoir qu'il
peut parler de ses préoccupations quotidiennes devant
sa femme, sans avoir l'ennui de la sentir indifférente
ou lointaine, par suite de la difficulté qu'elle éprouve à
le comprendre, dès que des questions d'un ordre supérieur se trouvent agitées.

Combien de femmes ont été écartées des débats qui,
pourtant, les intéressaient autant que leur maris, parce
qu'après un ou deux essais, ceux-ci, devant leur compréhension balbutiante, les décrétaient inaptes à s'assimiler leurs idées !

A beaucoup d'entre elles il ne manque cependant
qu'un peu d'étude et quelque application pour faire
disparaître l'étiquette de mentalité sommaire, dont

leurs maris les ont flétries, après quelques épreuves superficielles.

C'est quelquefois dans cette culture imparfaite qu'il faut chercher le secret du peu d'assiduité de certains hommes aux soirées familiales, au cours desquelles ils ne rencontrent chez leur femme que la préoccupation puérile de banalités pitoyables.

Celle qui a su féconder son esprit pourra au contraire retenir au foyer l'homme, qu'elle intéressera par une conversation dont les aperçus éveilleront l'intérêt.

Elle la variera en appliquant aux événements journaliers les réflexions glanées dans ses lectures.

Il est rare qu'un jour se passe sans amener avec soi un incident qui peut devenir le point de départ d'une causerie

Il ne s'agit pas, bien entendu, de mentionner les faits-divers et de les relater, en les accompagnant de ces considérations toutes faites, qui sont autant de lieux communs insupportables.

Mais nous voyons tous les jours s'accomplir autour de nous des actes dont il est intéressant de rechercher les mobiles, en démêlant les mouvements d'âme qui les ont causés.

La genèse de chaque action, si banale soit-elle, est intéressante à découvrir, et cela peut, entre des esprits déliés, servir de thème à des conversations élevées et à des conclusions de haute portée philosophique.

Jamais autant qu'à notre époque la femme n'a eu l'occasion de s'instruire, d'une façon aimable et attachante.

Les conférences, en se multipliant, ont rendu familiers beaucoup de sujets, qu'on ne pouvait étudier
jadis qu'en parcourant de nombreux et rébarbatifs ouvrages.

Outre l'ennui qui découle de ce travail, le temps
manquerait assurément à la plupart des femmes, qui
ne peuvent négliger leurs devoirs de famille pour s'y
adonner.

Il est donc précieux pour elles de trouver à s'instruire en écoutant le conférencier qui a bien voulu se
livrer à cette formidable besogne, et, en un discours
d'une heure, trouve le moyen d'ouvrir quelques portes
donnant accès au jardin d'une science jusque-là fer-
mée pour elles.

Le bienfait de ces causeries s'étend à toutes les
classes, et il n'est pas une famille d'ouvriers qui ne
puissé, au moins une fois par semaine, assister à une
de ces réunions, dans lesquelles tous puisent la matière
de leurs pensées et de leurs conversations intellec-
tuelles.

Aucune femme, dans aucune classe de la société, n'est
dispensée de participer, dans une proportion si mi
nime soit-elle, au mouvement intellectuel contempo-
rain.

Le théâtre est aussi un vaste champ d'observation,
et, pour peu qu'elle en ait le vif désir, toute femme
peut, plusieurs fois par an, se réjouir à la représentation
des chefs-d'œuvre de nos grands classiques.

Le mouvement littéraire, de plus en plus accentué,

crée dans tous les quartiers des centres artistiques, où, moyennant une faible rétribution, il est facile d'être admis.

Au cas même où la modicité des ressources ne permettrait pas de faire cette dépense, il est toujours facile, en s'en préoccupant quelques jours à l'avance, d'obtenir des invitations pour le ménage ou la famille.

Dans un autre ordre d'idées, une femme soucieuse d'entretenir chez les siens le sentiment de la beauté, provoquera les visites aux musées.

Elle en rapportera non seulement la satisfaction immédiate causée par la vue des trésors artistiques, mais encore la joie prolongée que cause la compréhension de l'art, dans son acception la plus pure.

Nous ne voulons pas dire que toutes les natures soient également sensibles aux splendeurs de la forme et de la couleur, mais la visite répétée aux musées ne peut manquer d'éveiller un sentiment, qui, s'il ne se traduit pas toujours par une appréciation juste de la magnificence classique, se manifeste le plus souvent par l'horreur de ce qui est contraire au bon goût.

L'intérieur, si modeste qu'il soit, se ressent indubitablement de cette préoccupation, et c'est encore, pour la femme, un moyen d'y garder le mari.

Celle qui met un souci d'art dans tous les actes de sa vie, doit le faire simplement, en se gardant de toute exagération.

Elle n'oubliera pas que les bas-bleus ont fait détester la littérature à bien des gens et que beaucoup de femmes, par leur pédantisme, ont parfois fait regretter à leur mari de n'avoir pas épousé une illettrée.

La culture des arts et des lettres, chez la femme qui n'en fait pas sa carrière, doit avoir pour uniques fins l'ornement de sa pensée et l'embellissement de son intérieur.

Toute la science qu'elle acquiert doit être dédiée à sa famille et à son mari, dont elle cherchera ainsi à augmenter les joies.

Mais, avant tout, il lui faudra se garder de ce que tant de gens appellent l'art et qui n'en est que la caricature.

C'est pourquoi on ne saurait trop recommander à celles qu'une instruction très poussée n'a pas suffisamment averties, de se mettre en garde contre les exagérations des petits cénacles.

Le moyen assuré de ne point tomber dans ce travers est de s'en tenir aux choses consacrées.

Le champ est vaste dans la littérature, dans la musique, la poésie ou les beaux-arts, des œuvres célèbres dont la renommée a authentifié le mérite.

La reproduction en plâtre de la *Vénus de Milo* est d'un prix insignifiant, ne dépassant pas celui d'un horrible vase acheté à la foire.

Les classiques s'éditent à des prix dont la modicité n'a pas de concurrence parmi les romans populaires.

Il n'y a donc aucune excuse, même chez les femmes de fortune plus que médiocre, pour orner leur cheminée d'un hideux bibelot, pas plus que pour introduire chez

elles ces romans, dans lesquels l'ineptie de conception rivalise avec l'immoralité volontaire ou incons-
ciente, aggravée par un style déplorable.

C'est en s'efforçant de s'entourer de choses harmonieuses et en rejetant la banalité sous toutes ses formes,
que les femmes, depuis la châtelaine jusqu'à la ména-
gère, feront apprécier aux leurs les attraits d'un foyer,
où le charme spécial de leur intellectualité discrète
saura répandre ce rayonnement intérieur qui est le
précurseur immédiat de la félicité.

CHAPITRE VIII

La femme mariée et le féminisme.

On a pensé longtemps qu'il était donné à l'homme seulement de gravir les sommets, tandis que la femme, clouée par l'admiration, n'avait d'autre mission que de contempler cette ascension, du bas de la montagne où elle se tenait, occupée à des travaux insignifiants.

Mais on négligeait alors de dire que, si l'homme peut atteindre victorieusement le terme de sa course, c'est presque toujours parce que sa compagne lui en a assuré les moyens.

C'est elle en effet qui, en vue de ce départ, confectionne les vêtements qui le préserveront des intempéries ; c'est elle qui prépare, de ses mains, les provisions qu'il emportera ; c'est elle, enfin, qui, le moment venu, lui donne, avec un souhait de prompt revoir, le baiser d'adieu, dans lequel il puise l'énergique désir de rendre en bonheur les attentions dont il est comblé.

Les hommes qui partent seuls, sans provisions choisies, sans vêtements protecteurs, et surtout sans ce viatique puissant de la tendresse, qui met au cœur l'ardeur des belles résolutions, entreprennent l'ascension avec une infériorité qui s'accentuera par le sentiment de la solitude morale.

Et si le premier atteint le faîte, but de ses efforts, n'est-il pas équitable d'attribuer une partie de son succès à la collaboratrice qui a su le lui préparer ?

Ce serait le cas de redire, avec le philosophe arabe, que bien des victoires attribuées aux princes ont été remportées par des chefs d'armée.

Il est beaucoup de femmes auxquelles cette collaboration est interdite.

Ce sont celles qui, pour des causes matérielles, morales ou physiologiques, ont attendu vainement le mari qui les eût faites épouses et mères.

De celles-là nous ne parlerons que pour dire de quelle douceur celle qui a été choisie doit entourer ses sœurs déshéritées, combien elle doit leur être indulgente et à quel point il lui faudra les aider dans la conquête des droits qu'elles revendiquent, peut-être un peu trop âprement parfois.

Elle fera comprendre à son mari que le féminisme est une conséquence de l'œuvre de l'homme.

C'est l'égoïsme de l'homme qui, en le tenant éloigné d'un mariage, dont il ne veut pas assumer les charges, force tant de femmes à se tailler leur propre chemin à travers les broussailles de l'existence:

Hâtons-nous de dire que ce qui fut une cause de désarroi dans la génération précédente, tend à devenir une victoire pour la société, car la femme, désorientée d'abord, s'est vite reprise, donnant raison au principe de l'égalité mentale au moment de la naissance.

Plus tard, l'éducation, en anémiant son âme, la rend plus sensible aux sollicitations de l'atavisme qu'une longue suite de siècles a déposé en elle, et elle se laisse volontiers aller à goûter la douceur d'un nid, construit par l'homme et attiédi par ses soins.

Mais celles que le défaut de fortune, le manque de beauté, la mort d'un mari, quelquefois même un sentiment exagéré de dignité personnelle, condamnent au célibat, prouvent tous les jours que le féminisme bien compris évolue vers l'égalité sexuelle.

Le féminisme ! Pourquoi ce mot euphonique et charmeur est-il devenu un épouvantail pour bien des gens ?

C'est que les militantes d'autrefois ne le comprenaient pas comme celles d'aujourd'hui.

Elles avaient cru devoir, pour rester les vierges fortes, arborer des dehors virils et s'étaient efforcées de masculiniser leur toilette, au point de perdre tout souci de conserver ce charme qu'aucune femme ne doit abdiquer.

Enfin, elles avaient dépassé le but, en ne demandant pas seulement qu'il leur fût fait une place aux côtés des hommes ; elles ne parlaient de rien moins que de les supplanter, et cela atténua la valeur de leurs légitimes réclamations.

Mais le temps, ce grand niveleur des cités et des âmes, est venu donner aux femmes modernes des leçons dont elles ont profité.

Elles ont compris que chercher à atténuer leur grâce, c'était imiter le soldat qui, au moment d'entrer dans la mêlée, se débarrasserait de ses armes.

Puis le féminisme militant n'est plus seulement l'apanage de celles que l'on flétrit sous le nom de « vieilles filles ».

Des épouses aussi se sont jointes au cortège de celles qui désirent, par le travail, assurer la dignité de leur vie.

Faut-il insister sur le double mérite de celles-ci ?

Oui, car on ne le dit pas assez :

Dans les classes humbles surtout, les femmes, qui fournissent la même somme de travail que l'homme, ont en plus les soucis du ménage, celui des enfants qu'elles retrouvent le soir en rentrant, avec la tâche de les soigner, de les raccommoder, eux et leur père ; tandis que l'homme, sa journée terminée, se repose, sans participer à ces soins.

Ces femmes-là sont les vraies féministes, car, en prouvant par l'exemple qu'elles savent prendre la grosse part de la peine, elles pourront, lorsqu'il en sera temps, revendiquer l'équivalence des droits, avec la certitude d'être respectueusement écoutées.

Elles sont encore une leçon vivante pour les femmes des classes plus aisées, car elles démontrent que, sans négliger les devoirs qui lui incombent, la femme peut être l'associée de l'homme, son égale pour l'activité, sa collaboratrice dans ses travaux, en même temps que l'amie au jugement sûr et la consolatrice des heures troubles.

Comme toutes les doctrines, le féminisme compte des partisans exaltés, dont les ardeurs, très sincères et très louables à coup sûr, mais maladroitement exprimées, viennent, par leur violence, enrayer la montée d'un mouvement, dont les ondes s'élargissent chaque jour.

C'est ce faux féminisme qui éloigne les sages, en leur cachant ce que le véritable révèle de belles réalités.

Mais l'épouse, imbue de solides principes, fermera les oreilles à tout ce tapage ; elle laissera passer les bruyantes porteuses d'étendards et se redressera forte et résolue, consciente de ses responsabilités et bien armée pour défendre ses droits, en maintenant autour d'elle cette solidarité d'où naît l'étendue des collectivités.

Le bonheur ne réside pas dans une indépendance farouche, créatrice inévitable de solitude sentimentale.

Il est dans la réalisation d'altruisme, qui fait que chacun dépend de tous, pour l'échange des secours mutuels.

De ces exagérations, que beaucoup d'énergumènes érigent en principes immuables, est issue, non plus la féministe telle qu'elle doit être, mais un être hybride, qui n'est souvent femme que par les côtés vulnérables

de sa nature, alors qu'elle se masculinise de façon outrancière par la propagation de principes, dont l'adop-
tion serait la rupture de l'harmonie universelle.

L'épouse qui veut acquérir des droits au titre de féministe, doit savoir dégager de ces fatras la sincérité
d'action, qui seule peut, en convertissant les hommes
au bien-fondé des espoirs féminins, transformer en
auxiliaires précieux les antagonistes d'antan.

C'est en rencontrant dans sa femme la créature pétrie
de raison, dont les conseils sont toujours judicieux,
qu'il appréciera les mérites du sexe jusqu'ici qualifié
de faible.

L'épouse se gardera bien d'accentuer cette faiblesse
en se laissant trop paresseusement protéger; mais elle
évitera non moins soigneusement de vouloir secouer un
joug qu'il ne tient qu'à elle de faire doux et tendre.

Elle saura faire comprendre à son mari, qu'attelés
ensemble au char de leur avenir, il n'est pas bon qu'un
seul d'entre eux s'efforce à le traîner.

Le partage des soucis, celui des préoccupations journalières, le droit aux délibérations importantes, enfin
l'aide matérielle apportée dans la mesure de ses aptitudes et de ses moyens : voilà les revendications qu'une
femme doit maintenir.

Mais, auparavant, il lui faut démontrer qu'elle est ca-
pable d'en assumer les charges.

C'est en la voyant à l'œuvre que l'homme comprendra quel avantage moral et matériel il y a à ne point
écarter de ses affaires une associée d'autant plus pré-

cieuse, que ses intérêts sont étroitement liés aux siens.

Voilà ce que comprenaient mal la plupart des femmes de l'ancien régime, dont la diplomatie s'exerçait trop souvent en vue d'obtenir du mari une toilette coûteuse ou une fantaisie, qu'elles arrachaient à force de prières ou de machiavélisme mesquin

Comment s'étonner que, dans de telles conditions, les hommes s'efforcent de défendre l'avenir contre des créatures à la cervelle aussi légère, en leur infligeant l'humiliation d'un budget qu'elles ne peuvent dépasser, sans avoir besoin d'en requérir à la volonté ou à la bonne grâce du chef de famille ?

L'épouse, consciente de sa dignité, sera son propre guide dans les questions d'intérêt frivole et n'opposera à ses désirs d'autre frein que celui de la raison.

Point ne lui sera besoin d'entamer de grands discours pour réclamer avec fracas le retrait d'une tuelle, que l'homme ne songera pas à lui imposer.

On enlève vite les lisières à l'enfant qui ne trébuche plus.

Pourtant, il faut bien en convenir, l'évolution de la femme n'en est encore qu'à la période de début, bien que les progrès du féminisme soient constants.

Certaines carrières, qui, jusque-là, avaient été monopolisées par les hommes, se sont ouvertes devant les femmes.

Il n'est même pas rare de voir deux époux employés dans la même administration.

Il en résulte presque toujours une harmonie plus

6

complète, car, préoccupés de soucis pareils et hantés des mêmes ambitions, dont la connexité ne peut jamais éveiller de rivalités, ils marchent d'un pas plus ferme dans la voie qui leur est tracée, soutenus par la conscience qu'ils ont de se comprendre et d'unifier leurs âmes en confondant leurs aspirations.

Les époux de ces femmes peuvent devenir à leur tour des apôtres convaincus du féminisme; non de cette doctrine qui se prêche la menace à la bouche et le mépris des hommes sur les lèvres, mais de celle que préconisait Fénelon, quand il disait :

« Les femmes décident de tout ce qui touche le plus près à tout le genre humain, et les hommes ne peuvent accomplir aucun bien effectif, si les femmes ne les aident pas à l'exécuter. »

Encore une fois, l'épouse ne doit ambitionner qu'une place à côté du chef de la famille et non désirer de le supplanter.

Les asservies d'hier se livrent à toutes les fantasmagories d'une imagination vraiment trop peu virile, lorsqu'elles se figurent devenir, de par la violence de leur attitude, les conquérantes de demain.

Jamais les levées de boucliers n'ont valu les lentes réformes pacifiques, et la féministe militante a encore bien des épreuves à affronter, bien des marches à accomplir dans la pénombre des résolutions intermittentes, avant de devenir celle qu'elle doit être, dans une société future où l'on saura faire justice des préjugés concernant les fausses vertus.

Si nous ne craignions d'employer un néologisme trop spécial, nous dirions que le *Maluvuisme* de certaines féministes a retardé de plusieurs années l'avènement de l'état qu'elles veulent faire fleurir.

Mais l'éducation sociale se développe tous les jours et les gens de sens rassis sont parvenus à dégager la conviction réelle, basée sur un besoin inconnu aux époques précédentes, des élucubrations prétentieuses et intéressées, qui trop longtemps ont nui à l'émancipation de la femme.

C'est à l'épouse, par son dévouement éclairé, sa haine des gestes frivoles et stériles, son active collaboration et son intelligente persévérance, de démontrer la vérité de l'égalité dans l'effort pour une conquête commune.

Mais, avant de découvrir le puits où se cache cette Vérité, il lui faudra encore livrer bien des batailles aux chimères qui en masquent l'entrée.

CHAPITRE IX

La bonne moralisatrice.

Il ne faudrait pas sourire en lisant ce titre : le mot bonne, joint à celui de moralisatrice, ne constitue pas toujoûrs un pléonasme.

La morale efficace n'est pas forcément celle qu'on pourrait appeler : la morale officielle ; et, s'il est bien des moyens pour conquérir les consciences, celui que l'on considère comme le plus certain, consiste à gagner les cœurs en assainissant les âmes.

L'action de la *bonne* moralisatrice doit être comparable à l'harmonie produite par un instrument bien accordé, touché par des doigts habiles.

Que de cœurs sont semblables à ces luths dont les cordes, irrégulièrement frôlées par un attouchement inexpérimenté, ne rendent que des sons inégaux et sourds alors qu'ils pourraient, sous la main d'un artiste, faire entendre de suaves et reposantes mélodies !

Il en est encore, de ces luths, dont nul n'éveilla jamais l'âme sonore, et qui, à la longue, se désaccordent dans l'ombre, dont personne n'a songé à les tirer.

Tels sont les pauvres êtres vers lesquels aucun cœur pitoyable ne s'est penché, et dont les élans généreux, jamais sollicités, finissent par se muer en rancœurs infinies.

Ce qui distingue la bonne moralisatrice des moralisatrices ordinaires, c'est la science qu'elle a acquise de présenter le devoir sous des couleurs riantes

Il n'est pas exact que le devoir soit cet effort pénible, dont les censeurs rébarbatifs se plaisent à agiter le spectre devant les enfants terrifiés.

Le devoir devrait être représenté comme une chose claire et précieuse, distributrice de sérénité et de joie.

Sans exhumer, du coin où s'entassent les symboles démodés, la vieille comparaison de la châtaigne, rugueuse au dehors, mais délicieuse quand on a pris la peine de l'ouvrir, la bonne moralisatrice saura démontrer aux tout petits que chaque plaisir est précédé de la peine de le conquérir.

Le bal, qui fut de tout temps regardé comme une des grandes joies de la jeunesse, comporte de fastidieuses leçons de danse, pendant lesquelles il faut s'efforcer de suivre les indications du professeur qui décompose les mouvements.

Il en est de même pour toutes les distractions. Ce n'est pas sans avoir subi plusieurs douloureuses chutes qu'on peut goûter le plaisir de tournoyer sur la glace, et l'apprentissage du patinage est aussi ennuyeux que l'accomplissement de n'importe quel devoir.

Il n'est aucun jeu qui n'implique un temps plus ou moins long d'études, si on veut le pratiquer d'intéressante façon.

Ceux qui seraient trop paresseux pour se donner cette peine, auraient vite fait d'abandonner un délassement dans lequel ils seraient certains de ne jamais briller.

Il est donc important de faire comprendre ceci à l'enfant, ou aux personnes qu'on désire toucher par la persuasion, et, avant de leur parler du devoir en général, de les préparer à ne trouver en lui que le prélude obligé à une satisfaction, morale ou matérielle.

Il s'agira ensuite de les détourner des fréquentations dont l'influence pourrait leur être nuisible.

Nous ne parlons pas de gens tarés ou d'amitiés peu recommandables, ceci est trop indiqué dans tout programme de moralisation pour qu'il soit besoin de le mentionner.

Mais, à côté de ces relations, il en est d'autres, dont il faut garder les jeunes esprits.

Ce sont les gens qui, sous des dehors séduisants et avec les façons d'une éducation parfaite, se sont habitués à penser d'une façon trop indépendante, ou à émettre des principes dont la diffusion peut être préjudiciable.

Certains autres ont des façons de penser et d'agir très nobles en elles-mêmes, mais difficiles à pratiquer par ceux dont la volonté n'est pas encore étayée par le raisonnement.

D'autres cultivent le paradoxe, et si leurs théories séduisantes amènent chez les gens sérieux un sourire amusé, elles peuvent avoir sur les âmes plus tendres un empire malsain.

Bien peu de néophytes savent discerner la ligne de démarcation qui sépare la vérité de l'utopie, et rares sont ceux qui daignent convenir de leurs errements.

La mission de la bonne moralisatrice doit surtout consister à insinuer, dans l'âme de ceux dont elle a entrepris l'éducation, ces mille nuances du devoir aimable, qui finissent, bien mieux que les liens les plus solides, par relier les cœurs de ceux qu'elle aspire à faire vivre sous le joug de l'harmonie et de la solidarité réunies.

Son œuvre sera semblable à ces étoffes composées de fils d'une ténuité telle, que chacun d'eux ne pourrait résister à la tension la plus faible.

Cependant, tous ces fils tissés ensemble représentent une surface, que seuls des efforts sérieux peuvent arriver à rompre.

L'union et la cohésion seront les pierres fondamentales du temple que la bonne moralisatrice édifiera patiemment.

Ce temple a plusieurs autels, et divers cultes y sont révérés, mais il en est un qui prime tous les autres, celui de la vérité et de la loyauté dans les pensées et dans les actes.

Lorsque les enfants auront appris que la suprême punition vient d'une conscience mauvaise, ils ne s'exposeront pas aux mensonges coutumiers, dont l'origine prend toujours sa source dans le désir de cacher une faute.

A quoi bon mentir pour la dissimuler à tous, puisqu'en eux gronde une voix qui la leur rappellera avec insistance, jusqu'au moment de la réparation?

Il faut, de bonne heure, habituer l'enfant à devenir son propre juge; mais, tout en l'invitant à une sévérité relative envers lui-même, il est mauvais de le conduire à une intransigeance, dont les effets seraient d'amener le désespoir ou le découragement.

La perfection n'existe pas pour celui qui veut être sincère vis-à-vis de lui-même.

Vouloir la proposer pour but serait faire fausse route.

C'est vers le mieux qu'il faut acheminer les efforts, vers ce mieux qui vaut mille fois la perfection, puisqu'il la dépasse, car il n'a pas de limites dans la conquête du bien.

Il n'est pas bon non plus de citer des exemples d'un héroïsme trop inaccessible ; outre l'incrédulité qu'éveille toujours chez les simples le récit des actes qui n'appartiennent pas à la vie, telle qu'ils la voient se dérouler devant eux, la pensée de ne jamais pouvoir imiter les héros qu'on leur propose comme modèles les désintéresse maintes fois de l'effort.

Suivant la mentalité de ceux qu'elle instruit, la bonne moralisatrice saura choisir ses exemples.

Au besoin elle les démarquera, en transportant dans

la vie actuelle les faits qui doivent frapper l'imagination de ceux qui l'écoutent.

Se mettre à la portée de son auditoire est une condition indispensable pour amener et retenir l'attention,
sans laquelle aucune conviction ne peut naître.

Éveiller la curiosité en citant des anecdotes est encore
un moyen infaillible de graver dans les esprits certains
préceptes, dont l'austérité toute nue serait d'une morale
trop peu souriante pour être bien accueillie.

L'éducatrice, prêchant contre la médisance en l'ana-
thématisant simplement, ne frappera jamais les imagi-
nations au même point que si elle parle de la coutume
instituée à Mulhouse au moyen âge, qui consistait à
faire porter à la femme convaincue de ce délit un col-
lier fait d'une lourde pierre (Klapperstein), en la con-
traignant à assister à l'office dans cette encombrante
parure.

Ce sera une occasion de mêler à l'histoire des considérations morales, qui seront religieusement écoutées
et dont la plupart des auditeurs feront leur profit.

L'action de la bonne moralisatrice s'étendra non seulement sur ses enfants, mais encore sur tous ceux qui
l'entourent.

Si elle appartient à la classe aisée, elle l'exercera sur
ses serviteurs, en leur inculquant la haine du mensonge,
l'horreur de la duplicité, en un mot le désir de la beauté
morale, qui, comme un flambeau, éclaire les plus humbles
existences.

Elle apprendra à tous que le contentement et l'estime

de soi-même valent toutes les richesses, puisqu'ils sont générateurs de la paix intime, sans laquelle le bonheur n'existe pas.

Elle s'appliquera également à détruire les petites superstitions, dont la tyrannie assaille les enfants et les simples.

Elle leur apprendra à combattre la peur comme une faiblesse dont il faut à tout prix se libérer, sous peine d'assombrir sa vie par des crises dont la fréquence détraque le cerveau, en y affaiblissant la puissance du raisonnement.

Sa sollicitude s'étendra jusqu'aux lectures, qu'elle choisira attachantes, amusantes au besoin, en ayant soin d'en écarter cette sentimentalité vague, complice ordinaire de la sensualité.

Par une habile sélection, elle éliminera les livres qu'elle jugerait dangereux pour la paix de son ménage, ou elle saura les commenter de telle façon, que les pensées nocives disparaîtront, submergées par les considérations d'un ordre supérieur.

Ainsi elle se fera aimer et apprécier par son mari et par ses proches.

C'est elle encore qui, en leur étant indulgente, laissera croître en eux le sentiment de leur valeur personnelle, qui les préservera de la timidité et de la gaucherie.

Nous venons de parler d'indulgence; c'est la vertu principale de la bonne moralisatrice, et c'est aussi son arme la meilleure dans le combat qu'elle peut avoir à soutenir, en ce qui concerne les erreurs sentimentales de son mari.

Il est des fautes vénielles, que la sévérité excessive de l'épouse convertit rapidement en graves délits, dont la continuité devient une cause de désordres dans l'organisation familiale.

Si on veut bien convenir que cette intransigeance naît rarement d'un sentiment élevé, mais d'un froissement d'amour-propre, on admirera l'épouse qui, en feignant l'ignorance, tentera, par la douceur de ses attentions et la dignité de son attitude, de ramener dans la vraie voie celui qui s'était un moment égaré dans les sentiers de traverse.

Il y rencontrera rarement ce qu'il était allé y chercher et se décidera d'autant plus volontiers à les abandonner qu'il ne sera pas question de faire amende honorable ; il rentrera dans la vie conjugale sans avoir le sentiment d'en être jamais sorti.

Comme on le voit, il ne suffit pas de moraliser, il faut le faire à propos.

Toute femme peut être moralisatrice, mais, pour être une *bonne* moralisatrice, il faut pratiquer l'abnégation de soi-même et faire taire la voix de l'égoïsme pour écouter celle du cœur.

CHAPITRE X

Les devoirs de l'épouse vis-à-vis des enfants.

L'épouse doit, en ce qui concerne l'éducation de ses enfants, s'inspirer de deux grands principes.

Sur les soins les plus humbles, comme sur les études les plus austères, sur les jeux comme sur les heures du travail, la personnalité du chef de famille doit planer, étroitement confondue avec la sienne, afin que les jeunes êtres en conçoivent instinctivement l'idée la plus haute de l'union dans le mariage.

Le désordre s'installe toujours dans la famille, lorsque les fils songent à contrôler les avis de la mère, en s'en référant à l'autorité paternelle.

Elle songera aussi à combler, en évoluant elle-même, le fossé qui sépare chaque génération de celle dont elle est issue.

En rassemblant ses souvenirs, elle s'apercevra que si ses idées semblaient déjà trop avancées, en regard de celles de sa mère, cette dernière avait pourtant fait, vers l'émancipation, un pas qui la séparait des formules de la génération précédente.

L'éducation moderne diffère surtout de celle qui, il y a quelques années encore, était fort en honneur, par la franchise avec laquelle on instruit les enfants des soucis de l'existence

On a compris combien la fausse générosité, qui les tenait dans l'ignorance, était pernicieuse et quel danger il y avait à les laisser désarmés devant les brusques attaques du sort.

C'est donc à l'expérience que la mère s'en remettra, pour développer lentement ses leçons dans l'esprit des enfants.

Elle soulignera d'une remarque chaque déception, personnelle ou étrangère, et commentera avec eux les incidents de la vie courante, de façon à les mettre en garde contre le retour d'événements semblables.

En agissant ainsi, elle sera doublement sage, car non seulement elle les instruira, mais préviendra les fausses interprétations et les grossissements, dont le résultat le plus immédiat est de dénaturer le jugement des petits.

Les enfants ont une tendance invincible à teinter de merveilleux les incidents les plus ordinaires.

Ils aiment à dramatiser ou à amplifier les aventures dont ils sont les témoins ou les acteurs.

Le besoin de jouer un rôle, qui conduit tant de grandes personnes à d'inconscients mensonges, anime

l'enfant dès son plus jeune âge et le pousse tout doucement à l'habitude de déguiser la vérité.

C'est pourquoi il est bon de lui inculquer de bonne
heure le sens des réalités, en même temps qu'on cherchera à étendre dans son esprit le sentiment des responsabilités, en ne lui faisant sentir que le moins possible
la protection dont il est entouré.

De toutes les férules, l'expérience est encore celle
dont les bienfaits sont les plus efficaces.

L'épouse devra donc, en évitant de laisser adopter à
l'enfant la personnalité artificielle, que développe souvent une éducation par trop rigide, s'associer à l'époux,
pour l'intéresser à rechercher avec elle le mystère des
jeunes individualités.

Il lui sera plus facile alors d'en réprimer les penchants
excessifs.

Les natures foncièrement rebelles sont rares, et
la faute en est bien plus souvent à l'éducateur qu'à
l'enfant lui-même.

Une heureuse influence découle toujours de la compréhension des âmes enfantines.

Les sévérités et les heurts n'obtiendront jamais la
détente qu'amènera une douceur ferme et résolue.

Cependant cette bonté ne doit, en aucun cas, dégéné-
rer en faiblesse, car, lorsque les enfants exploitent la
débilité morale de leurs parents, leur foi en eux s'en
trouve diminuée.

Si elle désire conserver sur l'âme de ses fils une
autorité sans conteste, la mère ne les fera jamais par-

ticiper à ses hésitations ; elle gardera pour elle seule
les indécisions inséparables d'une résolution ; ou, si elle
juge à propos de leur en faire part, ce ne sera qu'après
les avoir surmontées.

Elle pourra même faire de ces tergiversations le
thème d'une leçon, où le pour et le contre seront dé-
battus ; mais il ne devra jamais être admis que sa résolution puisse faire l'objet d'une critique ; si elle était
de celles qui sont susceptibles d'être discutées, elle se
bornerait à annoncer la solution en taisant les péripéties.

Lorsque les enfants ont acquis l'âge de raison, le devoir de l'épouse est de les admettre aux délibérations
du ménage.

Pourtant, si dans ces réunions un désaccord se produisait entre elle et son mari, elle devrait réserver ses
arguments pour un prochain tête-à-tête, afin d'éviter
aux jeunes gens d'avoir à se prononcer entre leurs parents.

La sécurité morale des enfants est en raison de la
confiance qu'ils ont dans l'infaillibilité de leurs ascen-
dants, de même que leur foi est faite de la sagacité
éprouvée de ces derniers.

C'est pourquoi il est détestable de farcir l'esprit des
tout petits de ces racontars stupides, dont les mères
d'autrefois aimaient à bercer leur crédulité.

Certes nous ne voulons pas dire qu'il faille suppri-
mer du répertoire maternel les beaux contes bleus que
les enfants écoutent, en s'efforçant de prolonger leur

veille; mais la mère diligente et avisée saura, sans les priver de ce plaisir, en détruire le péril, par l'application qu'elle mettra à dégager la fiction de la réalité.

Présentée comme un symbole, l'histoire n'en sera pas moins belle, mais elle ne sera plus dangereuse, car les petits, guidés par la mère, y trouveront matière à un embryon d'analyse. Ainsi l'idée, toujours un peu flétrissante, du mensonge ne les effleurera pas.

Il est aussi pernicieux de vouloir dérober aux enfants les vérités de la vie, en accordant à leurs questions des réponses d'une puérilité qui ne peut tromper que les cerveaux débiles.

Ils n'y ajoutent aucune foi et n'y voient que le désir de les tenir éloignés d'un mystère, dont ils vont désormais rechercher l'explication par tous les moyens possibles.

Ne vaut-il pas mieux leur répondre en cherchant la définition la plus rapprochée de la vérité, ou — si cette vérité est trop délicate — leur dire franchement : « Mes enfants, vous êtes un peu trop jeunes pour comprendre ces choses; mais, dès que votre père le jugera à propos, nous vous éclairerons. »

Dans cette occurrence, la mère attentive surveillera avec soin les progrès de cette curiosité, pour empêcher qu'elle ne soit satisfaite par des initiateurs peu délicats, et, quand le moment lui semblera venu, d'accord avec son mari, elle s'efforcera, avec toute la réserve possible, de dévoiler la vie, sans atteindre les jolies illusions de l'adolescence.

7

Il est à peine besoin d'insister sur la nécessité d'atténuer, vis-à-vis des enfants, les heurts qui pourraient se produire entre l'épouse et son mari.

Une querelle de ménage diminue toujours, dans leur esprit, le respect qu'ils ont pour l'infaillibilité de leurs parents.

Si pourtant il se produisait un conflit que l'épouse ne pourrait ni prévoir ni empêcher, elle devrait en dissimuler la portée, en négligeant de s'en montrer affectée devant les petits.

On ne saurait assez blâmer les femmes qui, par leurs contradictions, provoquent la colère du mari, sans se soucier de rendre les enfants témoins du spectacle de leur désaccord.

L'épouse, consciente de ce qu'elle doit à ceux qu'elle a mis au monde, s'abstiendra toujours de tomber dans la faute, commune à celles qui pensent détourner à leur profit la plus grande part de leur affection.

Il est, en effet, des femmes qui, par besoin d'expansion, par désir de se poser en victimes, par rancune aussi pour l'homme qu'elles espèrent frustrer de l'amour de ses enfants, n'hésitent pas à se plaindre devant eux de griefs, réels ou imaginaires, dont le mari serait l'auteur.

Le résultat de cette faiblesse ou de ce méprisable calcul est toujours lamentable, car il amène une diminution d'estime envers les parents, que les enfants ne sont plus appelés à considérer comme l'expression de la perfection.

Aussi, malgré les torts que le mari pourrait avoir envers elle, l'épouse, qui veut en même temps être l'éducatrice, ne parlera jamais du père qu'avec la plus complète déférence.

Elle évitera aussi de corrompre le jugement des jeunes êtres, en les faisant complices de petites cachotteries, dont la pratique engendre la dissimulation.

Même alors que ces petites manœuvres très innocentes ne seraient effectuées que dans le but d'éviter une discussion, il est détestable de semer dans l'âme des enfants le ferment de la duplicité.

C'est en outre leur donner une fâcheuse conception de l'équité paternelle que de leur dire :

« Ne parlez pas de cela à votre père, car il se fâcherait. »

Dans leur inexorable logique, les petits, dont la pensée n'est pas encore exercée à côtoyer les sentiers voisins des grandes lignes, ne manqueront pas de poser ce dilemme :

« Ou la chose qui doit causer le courroux du père est répréhensible, et leur mère est, en ce cas, fautive de l'accomplir ; ou cet acte est légitime, et le père, en le désapprouvant, est injuste et peu sagace. »

La mère, si tendre soit-elle, ne doit jamais oublier qu'elle est épouse et que l'union conclue entre elle et le père de ses enfants la fait solidaire de ce dernier.

Beaucoup de femmes encore ont l'habitude, pour étayer leur autorité vacillante, d'en appeler à tout propos à la sanction du mari :

« Je le dirai à votre père. »

« Je vous ferai gronder par votre père. »

Ces phrases ne seront jamais prononcées par celle qui s'est fait une loi de volonté ferme, appuyée d'un désir d'égalité dans l'affection filiale.

Menacer ainsi les enfants, c'est leur donner la preuve d'une impuissance avouée et leur inspirer une crainte stupide du père, qui prend bientôt à leurs yeux les proportions du Croquemitaine, dont les nourrices d'autrefois ont tant abusé.

De plus, gouverner par la crainte, c'est affaiblir dans le cœur des enfants le sentiment du mérite personnel.

Tous les efforts, au contraire, doivent tendre à leur inculquer la conscience très nette du bien et du mal, en sorte que dissimuler ou amoindrir leurs qualités, en leur laissant croire qu'elles sont le résultat de la crainte du châtiment, est un larcin moral, dont leur éducatrice aura à répondre devant eux dans l'avenir.

Aux époques précédentes, il était de bon goût de donner aux enfants le mépris de l'argent et l'horreur de l'ambition.

Plus avisées, maintenant, les mères, au lieu de prêcher un détachement stérile, leur inculquent le sentiment de la valeur de l'argent, en leur démontrant que non seulement le gaspillage est un crime social, car les sommes gâchées pourraient être employées à soulager des misères, mais qu'il est encore une lourde faute individuelle, puisque l'argent est la clef de l'indépendance.

Elles ne manqueront pas d'insister sur ce point, que, par une pruderie exagérée, on laisse trop souvent dans l'ombre :

L'argent permet de vivre fièrement, sans le secours des autres ; il donne la faculté de garder sa liberté de jugement et de ne jamais trafiquer de sa conscience. Il permet aussi le geste si doux de la générosité.

C'est vers cet objectif qu'une mère, soucieuse de la beauté morale de ses enfants, dirigera leur conviction.

L'argent est une force. A ce point de vue, une éducatrice moderne n'a pas le droit d'en inspirer le mépris.

Le temps n'est plus où les femmes, voyant leurs fils partir pour le combat, cherchaient à les retenir en embrassant leurs genoux.

La mère digne de ce nom, au lieu de les amollir, leur insuffle le courage en leur distribuant des armes.

En évitant de les entourer d'une tendresse déprimante et de les laisser s'endormir dans la sécurité d'un présent heureux, elle devra prévoir pour eux l'avenir, auquel elle leur donnera les moyens de pourvoir.

D'accord avec le mari, dont elle citera volontiers l'exemple, elle les aidera à découvrir leurs aptitudes et leur donnera l'appui de son concours, pour les guider à travers les pièges de l'existence.

Le titre de mère ne doit jamais faire oublier celui d'épouse, qui l'auréole délicatement du reflet de la virilité paternelle, tandis que l'affection, plus grave, du chef de famille se nuancera d'une admiration attendrie pour l'éducatrice de ses fils.

C'est de ce double rayonnement qu'est faite la tiédeur des nids ; la couvée souffre longtemps lorsque la fatalité lui ravit la sollicitude de l'un de ces deux amours.

Il n'est pas vrai qu'il soit jamais donné à une femme de choisir entre ses devoirs de mère attentive et d'épouse aimante.

Ce sont deux vertus qui se fortifient par leur mutuel contact, deux sentiments qui se complètent sans se nuire, et l'épouse la plus aimée doit encore tendre à réaliser cette parole de Nietzsche.

« C'est la femme, en tant que mère, qui rachètera le monde. »

CHAPITRE XI

L'épouse et l'amour.

Schopenhauer a décrit ainsi l'amour : La mission donnée à l'individu par le génie de l'espèce.

Le mariage, en consacrant cette mission, l'a revêtue d'une grandeur qui plane sur toute la vie sexuelle des époux.

Avant d'analyser ce sentiment, à la fois créateur et destructeur, il est bon de dire, en peu de mots, combien il est divers, et à quel point il est parfois difficile de constater sa présence véritable.

L'éducation ainsi qu'un long atavisme ont, jusqu'à présent, développé chez la femme un besoin de protection tendre, qu'elle prend parfois pour de l'amour et considère comme tel, tant que la négligence du mari ou de pernicieux conseils ne la désabusent pas.

Elle est, il faut bien le dire, plus sujette que l'homme aux désillusions, car ce dernier entre dans le mariage

avec l'expérience que lui a donnée une vie sexuelle an-
térieure, plus ou moins remplie; tandis que la femme,
même la femme nouvelle, mieux avertie pourtant que
ses aïeules, auxquelles on cachait jusqu'au nom de
l'amour, n'en est encore, pour la plupart du temps,
qu'à la recherche d'épanchements tendres, dans lesquels
l'émotion des sens ne joue qu'un rôle secondaire.

Pour quelques-unes, l'amour se résout en un simple
désir psychique, dont la littérature fait la plus grande
partie des frais.

Pour d'autres, c'est la prestigieuse aventure, dont les
splendeurs imaginées ne sont, hélas! jamais atteintes
par la réalité.

Certaines femmes ne voient dans l'amour que le frô-
lement des âmes.

Il en est qui le considèrent comme l'aventure sentimentale, prélude obligé de la fondation du foyer; pour
celles-là, c'est seulement un émoi passager, consacrant
la quiétude des droits acquis.

Enfin il en est qui, mieux instruites par une éducation
forte, y attachent la ferveur réservée au culte qui doit
remplir leur vie.

Il arrivera certes, pour celles-ci comme pour les autres,
un jour où la passion, atténuée par l'habitude, perdra
de son intensité; mais l'amour, s'il est véritable, ne
fera que changer de forme, et les élans d'antan se
traduiront alors par un sentiment d'une tendresse pé-
nétrante, amenant la fusion définitive des âmes.

Il faut plaindre celles que le scepticisme ou les désillusions de leurs devancières ont mises en garde contre les entraînements de l'amour, en les déterminant à ce qu'on nomme si tristement le mariage de raison.

Ces créatures se trouvent, de par la légèreté de jugement ou l'égoïsme de leurs conseillères, vouées à l'isolement le plus terrible qui soit, la solitude sentimentale, dont la sensation les écrasera aux heures de découragement.

Plaignons aussi celles qui, ayant conclu un mariage né du hasard et de l'intérêt, ont vu changer leur indifférence en antipathie.

D'autres encore, mal instruites, n'ont vu dans le mariage qu'un épisode romanesque et font à l'époux un sérieux grief de ne pas représenter l'être artificiel que leur imagination s'était plu à créer.

Pour toutes celles-là, le mariage, au lieu d'être le chemin lumineux qu'on suit à deux, les yeux fixés sur une étoile, s'est promptement borné à l'observance d'un rite concernant une religion, dont on n'a jamais connu la foi.

Il est aussi une catégorie de femmes dont il faut quand même parler, ne serait-ce que pour flétrir leur conception anormale des devoirs familiaux.

Ce sont celles qui entrent dans le mariage en excluant l'idée d'éternité temporelle, qui en fait la beauté et la force.

Certes, il est dans la vie conjugale des heures pénibles et troublées.

Pourtant, même aux moments angoissants où la volonté oscille, l'épouse ne doit jamais envisager l'idée de rejeter sa chaîne, en fût-elle cruellement blessée.

Est-ce que, même aux heures de violente tempête, les passagers songent à quitter le navire pour se précipiter à la mer, sous la douteuse protection des bouées de sauvetage ?

C'est seulement lorsque la mort est évidente et la perte du navire assurée, qu'ils sont contraints de s'élancer vers un péril tout aussi grave, mais dont l'issue fatale est moins inévitable.

L'amour exige, pour être durable, l'action pacifiante de l'union des esprits, dans un but commun.

Il n'est réel que s'il est cimenté par la confiance réciproque, terrain propice, s'il en est, à l'éclosion de l'amour.

L'amour vrai est fait d'élans généreux; il méprise la bassesse et fait fi des contingences, qu'il sait asservir ou dédaigner, selon qu'elles se produisent.

La base de l'amour est l'harmonie.

C'est l'impulsion attractive qui réunit les âmes et les corps.

L'épouse qui s'est donnée librement, entraînée par une tendresse et un émoi sensuel profonds, restera toute sa vie marquée du sceau de cet amour.

Il illuminera ses heures grises ; et, lorsque le temps, en atténuant les transports, les aura modifiés dans leurs manifestations, c'est encore l'amour, un amour auréolé de gravité et de sagesse, qui guidera ses actes et lui dictera ses devoirs.

Pour celle-là, le caractère sacré du mariage ne sera jamais compromis par une erreur de l'époux.

Elle se gardera bien de mettre entre elle et lui l'irrémédiable et comprendra que son devoir, d'accord avec son bonheur futur et celui de sa famille, est de pardonner.

Et ce pardon ne sera ni le résultat d'une faiblesse, ni le fait d'une surprise sentimentale, ni encore la banale conclusion d'une scène de repentir, amenant un attendrissement passager.

Ce sera la volonté d'un oubli, large et profond, la suppression de l'outrage et la résolution obstinée d'un retour aux jours heureux.

On objectera certainement que, pour bien des femmes, l'oubli, en pareilles circonstances, ne pourrait survenir, quand même il serait appelé par le pardon.

Les épouses rancunières sont presque toujours des créatures de volonté débile, chez lesquelles l'amour-propre parle plus haut que l'amour sans qualificatif.

Les autres, celles qu'un ample sentiment de mansuétude habite, ne souffriront pas moins, peut-être ; mais leur douleur aura la noblesse, qui porte en elle les principes de l'apaisement, précurseur de la guérison.

Chez l'épouse qui s'est donnée par amour, ce sentiment survit au naufrage de ses illusions ; et, dans le cas où le bonheur s'enfuirait d'elle, elle se garderait bien encore de nier la beauté de l'amour, car le cœur de celle qui l'a ressenti est comme un vase précieux, gardant en ses flancs l'arome des parfums qu'il a contenus jadis.

CHAPITRE XII

La vraie guérisseuse.

Trop de femmes au cœur bon, mais à l'âme légère, s'imaginent avoir rempli leur devoir, lorsqu'elles ont donné tous leurs soins pour apaiser une douleur matérielle, ou dompter les symptômes apparents des maladies qui assaillent ceux de leur famille.

Nous ne parlons pas ici des affections franchement caractérisées, dont l'origine est due à une imprudence ou à la contagion.

Mais il est des maux qui, tout en se traduisant par des douleurs corporelles, découlent d'une cause morale, dont la ténacité éloigne l'apaisement, à moins qu'elle ne le rende illusoire.

Il est même des cas où ces souffrances viennent d'une raison obscure, que le malade, lui-même, ne saurait déterminer.

C'est à l'épouse de s'adonner à la découvrir.

Les traditions, qui, de tout temps, ont régi l'existence des femmes, en ont fait des créatures dont la pénétration, aiguisée par l'habitude ou le simulacre de la soumission, sait pressentir des nuances qui échappent à l'observation moins exercée des hommes.

Si l'on s'aperçoit que l'eau d'un ruisseau contient des ferments nocifs, c'est à sa source qu'il faut remonter, pour les mieux connaître et les détruire en détournant son cours, fuyant ainsi les causes dont les principes dangereux en corrompent la limpidité.

Il est des natures impressionnables, que l'idée du futur obsède de doutes persistants.

D'autres se laissent dominer par la pensée d'une fin inévitable, et des réflexions funèbres les harcèlent sans trêve.

Beaucoup de timorés sont en proie à des appréhensions perpétuelles et se laissent constamment travailler par la crainte d'une omission ou d'une action discutable.

L'envahissement de chacune de ces obsessions — et de tant d'autres, qu'il serait fastidieux de nommer — ne tarde pas à déterminer, chez les gens impressionnables, une sorte de tristesse, qui, si elle n'est point enrayée, se mue rapidement en accidents nerveux, négligeables d'abord, mais bientôt plus marqués, voire même aussi redoutables pour la santé physique que pour l'équilibre mental.

Au lieu de hausser les épaules, en disant : c'est ridicule ! la bonne épouse, la vraie guérisseuse, s'inquiétera de l'origine des premiers malaises qu'elle constatera ; et, sans négliger les soins corporels qui, pour un moment, apaisent l'âme des malades, en amenant une diversion, elle ʼ ːtera ses efforts du côté des remèdes moraux, seuls efficaces en pareil cas.

Aux mélancoliques elle s'efforcera de montrer la vie sous les couleurs les plus attrayantes, en atténuera les ennuis, en grossira les joies, les détournera des lectures déprimantes, en y substituant des livres qui, sans heurter la pente de leurs idées, ne présenteront pas de conclusions pessimistes.

Dans les esprits inquiets, enclins à s'abîmer dans les choses de l'au-delà, elle sèmera la préoccupation d'un présent, qu'elle fera le plus riant possible, tout en affectant d'éviter de résoudre elle-même certains problèmes faciles et en s'efforçant de créer aux malades des responsabilités matérielles, qui les détourneront de leur habituelle hantise.

Elle se gardera bien de faire remarquer aux timorés les fautes involontaires qu'ils commettent; mais, en revanche, elle vantera leurs actes ordinaires en en amplifiant les mérites.

Elle soulignera tous leurs succès et atténuera les défaites qu'il est impossible de passer sans silence.

Elle mettra même une certaine affectation à priser leurs avis et leur laissera croire qu'ils ont une grande importance.

Elle arrivera ainsi à tonifier leurs âmes en même temps qu'elle fortifiera leurs corps.

Si elle est habile, pourtant, elle ne laissera deviner ni la virilité, ni la constance de sa volonté.

Son action doit être obscure pour être vivifiante, et il est bon qu'elle combatte ces penchants au reniement de tout, par la préoccupation d'une protection en ce qui la touche.

Le grand point, c'est d'abord d'éveiller un intérêt dans la vie de ceux qu'elle veut guérir.

Mais elle doit bien se garder de chercher à susciter la gaieté par des distractions bruyantes ou des rires intempestifs.

En général, l'hypocondriaque aime son mal; tant qu'il en est atteint, il s'imagine qu'il se doit à lui-même de lui élever un temple dans lequel il se réfugie, et ce n'est pas volontairement qu'il en franchira le seuil.

Cela viendra tout naturellement, lorsque l'âme plus forte sera moins dominée par l'influence débilitante; peu à peu, et à des intervalles éloignés d'abord, puis plus fréquents ensuite, il sortira de sa tristesse, qui finira par n'être plus qu'un accident, et il se mêlera à la vie de tout le monde, dont il appréciera la saveur.

Mais ce n'est pas sans de nombreuses rechutes que la vraie guérisseuse parviendra, non seulement à lui faire déserter ce temple, mais encore à en renverser l'autel.

Il est d'autres circonstances, non moins affligeantes celles-là, dans lesquelles le chagrin n'est pas le résultat d'une fiction, ni l'inquiétude celui d'une nervosité.

La difficulté des affaires, des revers imminents, sont souvent la cause d'une dépression morale, d'autant plus regrettable qu'elle enlève toutes chances de victoire, dans une lutte déjà difficile.

La vraie guérisseuse peut beaucoup en pareille occurrence.

Sans se laisser aller à la désespérance, qui ne remédie à rien et envenime tout, elle témoignera, par son humeur égale et souriante, d'une confiance qu'elle ne partage guère, mais dont elle doit cuirasser le cœur de l'homme.

Si ces préoccupations ont entamé la santé de ce dernier, avec les remèdes lénifiants, elle saura lui verser la panacée de l'espoir.

Et, dans le cas où tout serait irrémédiablement compromis, il lui faudrait, d'accord avec son compagnon de vie, envisager froidement les choses, sans les farder d'artificielles couleurs, mais en rejetant bien loin les crêpes de la désolation.

Si l'homme sent auprès de lui l'appui ferme de l'amour et du dévouement de celle qu'il a choisie, son courage, pour recommencer la lutte, se trouvera doublé du désir de lui rendre une heureuse sécurité, en récompense de ses attentions touchantes et de la fidélité de son zèle.

8

Muni des armes que la générosité de cette dernière lui a dispensées, il rentrera dans l'arène, prêt pour une lutte, que, tout seul, il aurait abandonnée.

La mission de la vraie guérisseuse ne s'exerce pas seulement dans les moments de crise.

Elle peut avoir une influence considérable sur la santé des siens, en leur évitant des impatiences, en esquivant les prétextes de ces petites querelles, qui viennent rompre, dans certains ménages, la tranquillité des repas, en attendant qu'elles atteignent celle de la vie entière.

Elle sera l'intermédiaire, et bien souvent la médiatrice, entre le chef de famille et les enfants, évitant aux uns et aux autres des mécontentements, qui dégénèrent trop souvent en désunion.

Elle saura encore cacher un malaise qui peut les attrister et déterminer une inquiétude, préjudiciable à leur santé.

Enfin si la maladie réelle les touche, en leur montrant toujours un visage souriant, elle éloignera d'eux les angoisses, que des parents, trop peu maîtres de leurs nerfs, ne manquent jamais de développer chez les malades, par l'étalage d'une tristesse, que ces derniers attribuent justement au chagrin causé par leur fin prochaine.

Et quand viendra le moment de la séparation définitive, bien loin de désespérer les survivants par le spectacle de sa réelle douleur, elle se relèvera forte et courageuse, brandissant le flambeau de la vie, que la main aimée a laissé choir, et se retournera vers les vivants, en éclairant pour eux la route, sur laquelle ils tomberont, eux aussi, un jour, mais non sans accomplir noblement la tâche que la vaillante guérisseuse leur aura tracée par son énergie aimante et sûre.

CHAPITRE XIII

L'art de savoir vieillir.

Faut-il croire les philosophes, prétendant que la vie n'est qu'une longue préparation à la vieillesse?

S'ils veulent par là exposer qu'il est sage de s'assurer une vieillesse exempte de heurts et de soucis, on ne peut que les suivre dans leur développement.

Mais s'il en est qui, par cette pensée, désirent assombrir la jeunesse, à ceux-là nous dirons :

Vous êtes dans l'erreur : chaque époque de la vie a ses plaisirs et ses charmes, qui ne sont réellement appréciés que dans leur saison respective.

Maintes joies sollicitent la jeunesse, qui sembleraient fastidieuses à l'âge mûr, et les plaisirs de l'homme fait sont souvent mal goûtés par les adolescents.

Pourtant, comme on voit parfois un coucher de soleil radieux terminer une journée d'orage, il arrive fréquemment, et il faut s'en réjouir, que, vers le soir de la vie, les tempêtes qui l'ont agitée, se calment et font place à un apaisement, d'autant plus précieux qu'il est moins coutumier.

Cette expérience éclairera l'existence de bien des épouses, en leur donnant l'énergie de subir les rafales que l'humeur et, quelquefois, l'inconstance de l'époux déchaînent autour d'elle.

Si elle adopte cette sage philosophie, elle vivra dans l'attente du moment où, le cœur allégé des folies présentes, il sera heureux de retrouver, douillettement conservé, ce nid qu'il a parfois délaissé, souvent dédaigné, mais que la sollicitude de l'épouse a su maintenir à la place où ils l'avaient jadis édifié, tous deux.

Se préparer à vieillir pendant la jeunesse est maussade, car cette préoccupation ne doit pas atteindre ceux dont la vie chante encore ses hymnes d'allégresse ; mais savoir vieillir, c'est-à dire accepter la vieillesse, en s'efforçant d'oublier ses tristesses pour n'en voir que les avantages, là est le secret de bien des bonheurs tardifs.

On l'a bien dit souvent : la vieillesse est la trève aux préoccupations de travail et d'avenir, qui occupent la première et la seconde partie de la vie.

C'est aussi la libération de bien des devoirs, qui, sous le nom de plaisirs, furent des tributs payés à la vie sociale.

Les loisirs des vieillards se peuplent, s'ils le veulent bien, uniquement d'occupations agréables et intelligentes

S'étant désintéressés de combattre pour leur propre

compte, ils suivent les efforts de ceux qui leur sont
proches, et avec combien plus de clairvoyance, depuis
que des questions personnelles ne viennent plus s'in-
terposer entre leurs conseils et les leçons de l'expérience.

On pensera peut-être que leurs joies peuvent être
assombries par l'approche de leur terme.

Mais est-il un mortel qui puisse se dire sûr du lendemain ?

Est-ce que le vieillard de quatre-vingts ans dont la
destinée est de devenir nonagénaire n'est pas de plusieurs années plus jeune que l'enfant de quinze ans qui
ne verra pas son seizième printemps ?

Pour celle qui fut l'épouse autant que la mère et
l'amie, l'automne de la vie est comme l'automne de
l'année ; c'est la saison où l'on récolte les fruits qu'on
a semés dans sa jeunesse et cultivés dans l'âge mûr.

Loin de se consumer en inutiles regrets, celle-là
saura, dès le premier cheveu gris, organiser sa vie nouvelle.

Si son existence sentimentale fut traversée des tristesses de l'indifférence ou d'un abandon partiel, elle
mettra tout son zèle, non seulement à oublier les torts
du mari, mais surtout à les lui faire oublier à lui-
même, de façon que la paix définitive ne soit jamais
bouleversée par ses propres rancœurs ou les remords
de celui qui l'a fait souffrir.

En supprimant volontairement les jours troublés, ils
en viendront à les oublier.

Ce qui touchera l'un sera ressenti par l'autre, car

l'entente des vieux époux produit une sorte d'égoïsme, qui fait que chacun s'aime lui-même dans l'autre conjoint.

A force de faire converger leurs aspirations vers un but commun, ils créeront des heures lentes et douces, remplaçant les jours inquiets ou les minutes éblouies.

Sur l'écran de leurs souvenirs, des images se profileront, très estompées, dénuées des sursauts et des ardeurs qui accompagnèrent jadis les actes qu'elles représentent.

Ils auront bien un peu de pitié en songeant à l'agitation que leur ont causée ces choses, qui maintenant leur semblent si dénuées d'importance.

Pourtant ils rechercheront avec intensité l'effleurement de ce passé, car le recul voilera de brume les heures pénibles, pour ne laisser en lumière que celles dont le rappel emplira les cœurs d'une montée de jeunesse et de triomphe.

Le sourire mélancolique des choses désuètes est empreint d'un charme, que les vieillards seuls connaissent bien, et il faut plaindre ceux qui dédaignent de le faire naître.

Mais pour ceux dont la vie fut exempte de déchirements, provoqués par la passion ou la faiblesse, la vieillesse ne sera qu'un acheminement vers la sérénité.

Avec le temps, la rose pourprée de leur juvénile amour se muera en un chrysanthème, dont les pétales, d'un rose pâlissant, se teinteront définitivement d'une adorable couleur mauve, demi-deuil très doux, comme celui dont le temps a atténué l'horreur, pour ne laisser après soi que la tendresse émue du souvenir idéalisé.

Et l'épouse pourra s'endormir en paix, dans la conscience d'avoir accompli sa mission, qui est de tisser, pour l'époux et ses descendants, le charme reposant des intimités harmonieuses.

TABLE DES MATIÈRES

Chapitre premier. — La femme moderne   5

Chapitre II. — L'épouse   15

Chapitre III. — La compagne. — La camarade. — L'associée. — L'amie.   29

Chapitre IV. — La femme dans son foyer   39

Chapitre V. — Les devoirs mondains.   49

Chapitre VI. — Les devoirs sociaux   57

Chapitre VII. — La femme et l'intellectualité.   65

Chapitre VIII. — La femme mariée et le féminisme . .   73

Chapitre IX. — La bonne moralisatrice   83

Chapitre X. — Les devoirs de l'épouse vis-à-vis des enfants   91

Chapitre XI. — L'épouse et l'amour   101

Chapitre XII. — La vraie guérisseuse.   107

Chapitre XIII. — L'art de savoir vieillir.   115

_____

1616. — TOURS, IMPRIMERIE E. ARRAULT ET Cⁱᵉ.

_____

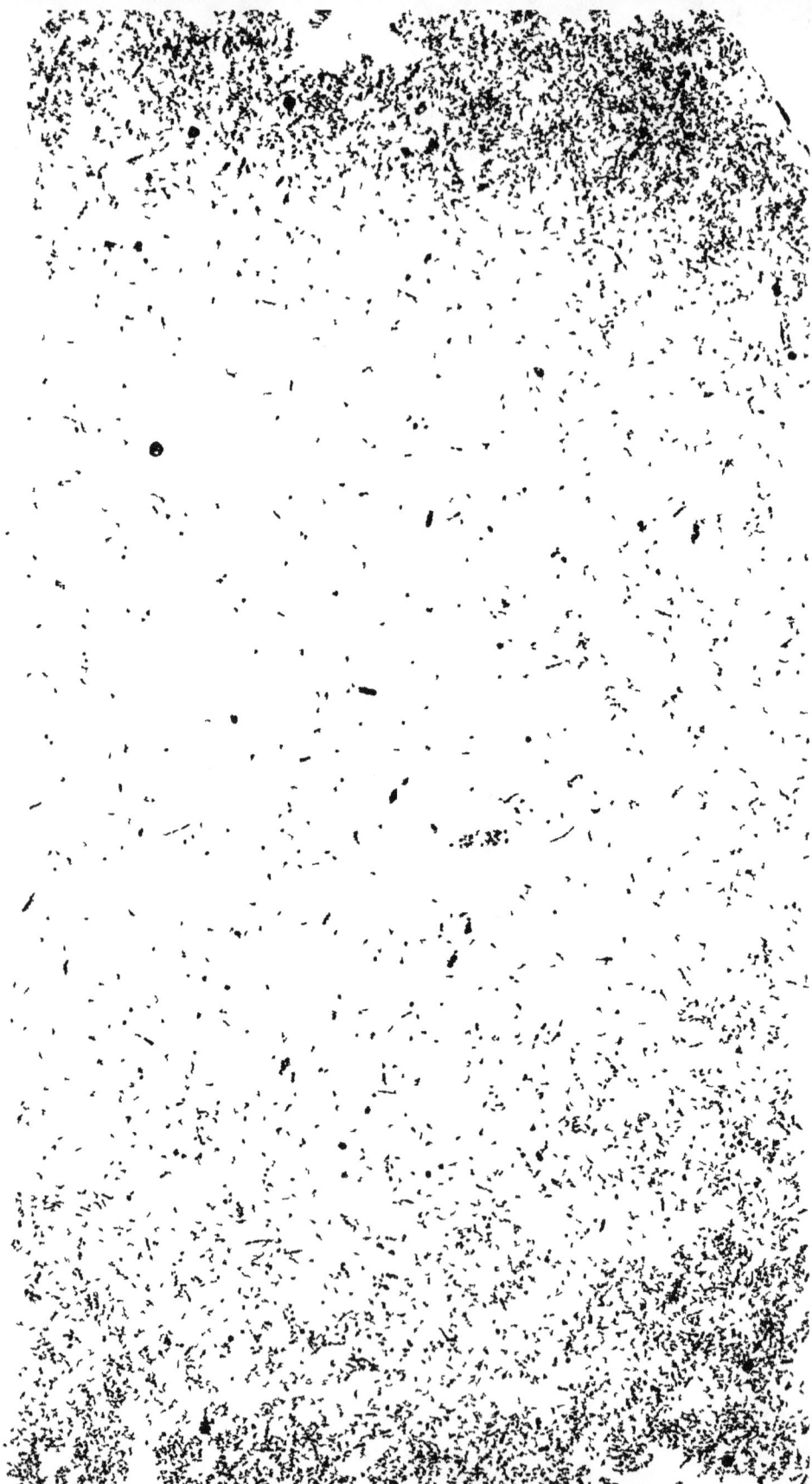

www.ingramcontent.com/pod-product-compliance
Lightning Source LLC
Chambersburg PA
CBHW071816090426
42737CB00012B/2114